स्वर्ण और रेशम के धागे

अनकहे स्त्री-अनुभवों का काव्यलोक

डॉ. रंजीता बसरा

Made with ♥ on the Notion Press Platform
www.notionpress.com

मैं यह पुस्तक अपने माता-पिता
गुरमेहर बसरा और नरेंद्र बसरा
को सादर समर्पित करती हूँ।

उनके निस्वार्थ प्रेम, असीम विश्वास और मौन त्याग ने मेरे जीवन की हर राह को आलोकित किया है।

जो कुछ मैं हूँ, और जो कुछ लिख पाई हूँ, उसमें उनकी सीख, उनकी संवेदना और उनके स्नेह की अमिट छाप है।

असीम प्रेम, आदर और कृतज्ञता सहित।

क्रम-सूची

इस रूपांतरण के बारे में	ix
प्रस्तावना	xi
भूमिका	xiii
आभार	xv
1. स्वर्ण और रेशम के धागे	1
2. पापा की बिटिया	6
3. धन्यवाद माँ	9
4. स्मृतियों की सलवटें	13
5. हम अब भी यहाँ हैं	17
6. ओस और उजाला	22
7. वह पृष्ठ जो मुड़ा रह गया	26
8. तुमसे मैं पूर्ण हूँ	28
9. नारियलों की वर्षा	30
10. वाह! शादियाँ	34
11. भैंगी दुल्हन	37
12. मदर-इन-लॉज़ टंग	40
13. आम्र-ऋतु	43
14. 13910T उत्परिवर्तन	46
15. अत्याचार का प्रमाण	49
16. चंदा मामा दूर नहीं	53
17. संस्कृति का चक्र	56
18. जगमगाता एफिल टॉवर	58
19. चलो रंगभेद से परे	61
20. मोटी माँ	65

क्रम-सूची

21. मेरा नन्हा ब्रह्मांड 68
22. सपनों की उड़ान 72
23. उड़ने दो हमें (नियम और शर्तें लागू) 75
24. काल्पनिक प्रेम 78
25. साधारण हूँ मैं 81
26. फीके पड़ते वचन 84
27. गायब होती स्याही 86
28. दर्द की हद 88
29. प्रेम ऋतु के बाद 90
30. तूफ़ान मेल— मेरे प्यारे कुरो के नाम 92
31. अति सिंचन 96
32. खाली होता आँगन 101
33. स्थायी पता 104
34. ऊँची साड़ी 109
35. बस बोल दे 113
36. गुलाब यूँ ही नहीं बरसते 115
37. वह रचती, वह जलाता 122
38. विरासत 125
39. बराबरी का अधूरा सफ़र 130
40. घर 134
41. उन पुरुषों के नाम 139
42. आशा की सर्दियाँ 142
43. मैं पर्याप्त हूँ 145
44. वह संपूर्ण हो गई 148

क्रम-सूची

45. अंततः तृप्त 150

46. एक सुंदर सांझ 155

47. पुनर्जन्म की शुरुआत 157

48. प्यारी का प्यार 159

49. ज़िंदगी गुलज़ार है 163

50. आख़िरी धागा 164

लेखिका परिचय 169

समीक्षा 171

पाठकों की कलम से 173

इस रूपांतरण के बारे में

'स्वर्ण और रेशम के धागे', डॉ. रंजीता बसरा की अंग्रेज़ी काव्य-कृति Threads of Gold and Silk का हिन्दी रूपांतरण है।

यह संग्रह स्त्री-जीवन, स्मृतियों, प्रेम, संघर्ष, आशा और आत्मबोध से जुड़े उन अनेक भावों को शब्द देता है, जिनसे हम सभी जीवन के किसी न किसी मोड़ पर गुज़रते हैं। इस हिन्दी संस्करण में मूल कृति की भावना, आत्मीयता और संवेदनशीलता को यथासंभव बनाए रखने का प्रयास किया गया है।

इस पुस्तक में गद्य-कविताएँ और तुकांत कविताएँ, दोनों शामिल हैं। अनुवाद करते समय केवल शब्दों का नहीं, बल्कि भावों का भी ध्यान रखा गया है। हिन्दी भाषा और उसकी सहजता को ध्यान में रखते हुए कुछ कविताओं में छोटे-छोटे बदलाव, विस्तार और नए भाव भी जोड़े गए हैं, ताकि वे हिन्दी पाठकों के और निकट महसूस हों।

इसके साथ ही, इस हिन्दी संस्करण में कुछ नई मौलिक हिन्दी कविताएँ भी जोड़ी गई हैं। ये कविताएँ अंग्रेज़ी पुस्तक का हिस्सा नहीं हैं, लेकिन उसी भाव-यात्रा को आगे बढ़ाती हैं और इस संस्करण को एक नया रंग देती हैं।

इसलिए यह पुस्तक केवल एक अनुवाद नहीं, बल्कि मूल कृति की आत्मा को हिन्दी में नए रूप में प्रस्तुत करने का एक सच्चा प्रयास है। आशा है कि यह पुस्तक हिन्दी पाठकों के मन को उसी तरह छुएगी, जैसे इसकी अंग्रेज़ी कृति ने अपने पाठकों के हृदय को छुआ है।

मूल कृति

Threads of Gold and Silk

लेखिका

Dr. Ranjeeta Basra

प्रस्तावना

कुछ कथाएँ शब्दों में नहीं ढलतीं। वे चुपचाप रहती हैं–पुरानी साड़ियों की तहों में, रसोई की धीमी आँच पर पकती बातों में, बरामदे की साँझों में, और उन लंबी प्रतीक्षाओं में जिन्हें स्त्रियाँ मुस्कराहट के पीछे छिपा लेना जानती हैं। वे इतिहास के पन्नों में दर्ज नहीं होतीं, फिर भी पीढ़ियों तक जीवित रहती हैं।

एक माँ की हथेलियों से बेटी के सपनों तक।
एक दादी की स्मृतियों से पोती की आँखों तक।

स्वर्ण और रेशम के धागे उन्हीं अनकही कथाओं का संग्रह है। इन पृष्ठों में कोई एक स्त्री नहीं रहती। यहाँ अनेकों स्त्रियाँ हैं–वे जो घरों की नींव में अपना जीवन गूँथ देती हैं; वे जो प्रेम करती हैं, बिछुड़ती हैं, फिर भी टूटती नहीं; वे जो हर बार बिखरकर स्वयं को नए रूप में बुन लेती हैं।

यह पुस्तक उनके लिए है–

उनके साहस के लिए, जो शोर नहीं करता।
उनकी कोमलता के लिए, जो दुर्बलता नहीं होती।
उनके प्रेम के लिए, जो अक्सर प्रतिदान की अपेक्षा नहीं करता।
और उन स्वप्नों के लिए, जिन्हें उन्होंने कभी पूरी तरह मरने नहीं दिया।

स्त्रियों का जीवन वस्त्रों की बुनावट-सा होता है। कुछ धागे स्वर्ण के होते हैं–चमकते हुए, सबको दिखाई देने वाले। और कुछ रेशम के–मृदुल, शांत, लगभग अदृश्य; पर वही पूरी बुनावट को थामे रहते हैं। इन कविताओं में वही धागे हैं।

यदि कहीं इन शब्दों में आपको अपनी माँ की आवाज़ सुनाई दे, अपनी दादी की छाया दिखाई दे, अपनी बेटी की आँखों का सपना झिलमिलाता लगे, या अपने ही हृदय का कोई भूला हुआ कोना मिल जाए–तो समझिए, यह पुस्तक अपना मार्ग पा चुकी है।

– डॉ. रेखा द्विवेदी, लेखिका एवं कवयित्री

भूमिका

कुछ कथाएँ कभी ऊँची आवाज़ में नहीं कही जातीं।

वे साड़ियों की तहों में छिपी रहती हैं,
रसोई की धीमी बातचीतों में,
लंबी रेल यात्राओं में,
पुराने संदूकों में सहेजी स्मृतियों के बीच,
और कर्तव्य तथा इच्छा के बीच पसरे मौन में।

वे इतिहास की पुस्तकों से नहीं,
बल्कि संकेतों, परम्पराओं, दृष्टियों और
दैनिक जीवन की शांत सहनशीलता के माध्यम से
एक स्त्री से दूसरी स्त्री तक पहुँचती हैं।

स्वर्ण और रेशम के धागे ऐसी ही कथाओं से जन्मी है।

यह किसी एक स्त्री की कहानी नहीं है।
यह उन असंख्य स्त्रियों का सामूहिक स्मृति-लोक है
जिन्हें मैंने प्रेम किया, देखा, सुना, जाना या केवल क्षणभर के लिए महसूस किया।

कहीं एक दादी है, जो अपनी विवाह-साड़ी को ऐसे सँभालकर रखती है
मानो उसमें समय का कोई टुकड़ा सुरक्षित हो।

कहीं एक माँ है, जिसकी शक्ति इतनी शांत है
कि अक्सर दिखाई ही नहीं देती।

कहीं एक लड़की है,
जो परम्परा और अपनी पहचान के बीच
अपना रास्ता खोज रही है।

और कहीं एक स्त्री है,
जो बिना किसी घोषणा के, धीरे-धीरे बदल रही है।

इस पुस्तक के केंद्र में वही अदृश्य धागे हैं
जो पीढ़ी-दर-पीढ़ी स्त्रियों को जोड़ते चले आते हैं–

प्रेम के धागे,
त्याग के धागे,
धैर्य, करुणा, प्रतीक्षा और पुनर्जन्म के धागे।

कुछ स्वर्ण जैसे उजले और दृष्टिगोचर हैं,
कुछ रेशम जैसे कोमल और लगभग अदृश्य।

पर जीवन की सबसे मज़बूत बुनावट
अक्सर उन्हीं अदृश्य धागों से बनती है।

यदि इन पृष्ठों में आपको अपनी माँ, दादी, बहन, बेटी, सखी
या स्वयं अपना कोई अंश दिखाई दे,

तो समझिएगा कि ये कथाएँ
अपने घर पहुँच गई हैं।

– डॉ. रंजीता बसरा

आभार

पुस्तकें भले ही एकांत में लिखी जाती हों, पर उनका जन्म कभी अकेले नहीं होता।

स्वर्ण और रेशम के धागे अपने भीतर उन अनेक लोगों की उपस्थिति, स्नेह, प्रोत्साहन और मौन शक्ति को समेटे हुए है, जिन्होंने इस यात्रा को प्रत्यक्ष और अप्रत्यक्ष रूप से आकार दिया।

सबसे पहले, मैं ईश्वर के प्रति अपनी विनम्र कृतज्ञता व्यक्त करती हूँ, जिनकी कृपा मुझे अक्सर लोगों, क्षणों और उस शक्ति के रूप में मिली, जिसका मुझे स्वयं भी अनुमान नहीं था।

प्रेरणा और संबल

मैं हृदय की गहराइयों से कृतज्ञ हूँ–

स्वर्गीय गुरमेहर बसरा, मेरे पिता, जिनका साहस, विवेक और स्नेह आज भी मेरे जीवन का मार्ग आलोकित करता है।

नरेंद्र बसरा, मेरी माँ, जिनकी गरिमा, धैर्य और अटूट विश्वास ने हर परिस्थिति में मुझे संभाले रखा।

खुशियाँ कोरगांवकर, मेरी पुत्री, जो मेरे जीवन में प्रेम, प्रकाश और प्रेरणा का अनवरत स्रोत रही है।

अमृत कौर और हरबंस कौर, मेरी दादियाँ, जिनके जीवन, स्नेह, अनुभव और शांत सहनशीलता ने इस पुस्तक की वास्तविक प्रेरणा का रूप लिया। उनकी स्मृतियाँ इन पृष्ठों में आज भी एक मधुर उपस्थिति की तरह जीवित हैं।

चरणजीत कुकरेजा, मेरे प्रिय मामा, कवि और साहित्यकार, जिन्होंने तब कविता से मेरा परिचय कराया जब मैं मात्र चार वर्ष की थी। शब्दों के प्रति जो प्रेम आज मेरे भीतर है, उसकी पहली लौ उन्हीं ने प्रज्वलित की।

डॉ. रेखा द्विवेदी–कवयित्री, लेखिका, मित्र, दार्शनिक और मार्गदर्शिका–जिन्होंने मुझे अकादमिक शोध, व्यावसायिक जीवन और दैनिक व्यस्तताओं से परे फिर से साहित्य की दुनिया में लौटने का साहस दिया।

उनके विश्वास, स्नेह और रचनात्मक प्रेरणा ने न केवल इस पुस्तक की यात्रा को सम्भव बनाया, बल्कि अपने काव्यलोक "ये अजीब औरतें" के माध्यम से मुझे शब्दों के एक नए संसार से भी परिचित कराया।

डॉ. डॉली मैथ्यू, मेरी शोध-निर्देशिका, जिनकी कठोर किन्तु संवेदनशील शिक्षा ने मुझे धैर्य, सूक्ष्मता और पंक्तियों के बीच छिपे अर्थों को पढ़ना सिखाया। संशोधनों की प्रत्येक प्रक्रिया में उन्होंने मेरे भीतर के लेखक को गढ़ा–मुझे अनदेखे को देखना, अनकहे को सुनना और जीवन को अधिक गहराई से समझना सिखाया। यदि यह दृष्टि न मिली होती, तो संभव है कि इन कविताओं में से अनेक कभी कागज़ तक न पहुँच पातीं।

परिवार और मित्र

मैं अपने उन सभी परिजनों, मित्रों और साहित्यिक सहयात्रियों के प्रति भी हार्दिक आभार व्यक्त करती हूँ, जिन्होंने जीवन के हर मौसम में मेरे साथ खड़े रहकर अपना स्नेह, धैर्य, विश्वास और प्रोत्साहन दिया।

डॉ. शशि वर्मा, डॉ. मार्क साल्टर, अंकिता द्विवेदी, एना तिवारी, प्रवीण जिंदल, अंकुर कृष्ण, नवदीप सिंह, वैदेही कुकरेजा, विपिन कौशिक, नेहा शर्मा, नेहा गोयल, आशुतोष चतुर्वेदी, भूपेश टरसोलिया, सौरभ श्रीवास्तव तथा रचयिता साहित्यिक समूह के सभी सदस्यों का मैं विशेष रूप से आभार मानती हूँ। विशेष धन्यवाद वेणु कपूर, अजन्ता शर्मा, रघु गोदावर, मीनाक्षी जैन, रोली श्रीवास्तव और अंजु शर्मा को, जिनकी उपस्थिति और विश्वास इस यात्रा में मेरे लिए मौन शक्ति के स्रोत बने रहे।

मैं उन लोगों और अनुभवों के प्रति भी कृतज्ञ हूँ जिन्होंने मेरे जीवन में विकास, कठिन सीख, धैर्य और गहरी समझ का संचार किया। कुछ नाम शायद कभी उच्चारित न हों, फिर भी उनकी छाप इन पृष्ठों और मेरे जीवन में आज भी शांत स्वर में विद्यमान है।

पुस्तक-निर्माण

इस पुस्तक का आवरण, रूप-सज्जा, आंतरिक विन्यास और चित्रांकन मैंने स्वयं तैयार किया है।

रचनात्मक सहयोग और संपादकीय परिष्कार के लिए मैं कृत्रिम बुद्धिमत्ता आधारित साधनों तथा गूगल अनुवाद (Google Translate) की

भी आभारी हूँ, जिन्होंने इस पुस्तक को उसके अंतिम रूप तक पहुँचाने में सहायक भूमिका निभाई।

उन सभी के प्रति, जिनके प्रेम, विश्वास और मौन आशीर्वाद ने इस यात्रा को सम्भव बनाया–हृदय से धन्यवाद।

– डॉ. रंजीता बसरा

1. स्वर्ण और रेशम के धागे

"जब मैं खाना पकाती हूँ, मेरे भीतर बसी स्त्रियों की पीढ़ियाँ भी मेरे साथ रसोई में जुट जाती हैं।" – मार्ज पियर्सी

मायके से आई उस नक्काशीदार संदूक में
एक गुलाबी जोड़ा रखा था।
विवाह का जोड़ा।

अब भी उतना ही कोमल,
अब भी उतना ही उजला,
स्वर्ण और रेशम के धागों से बुना हुआ।
उसमें एक क्षण कैद था–
वह क्षण,
जब एक लड़की ने एक जीवन की देहरी छोड़ी
और दूसरे जीवन में प्रवेश किया।
वह उसे पहनकर एक नए घर में आई थी।
पीछे छूट गए थे परिचित आँगन,
जानी-पहचानी आवाज़ें,
अपनेपन से भरे द्वार।
सामने था एक नया संसार–
चूल्हे की आँच,
कुछ अनकहे वचन,
और दिनों की अंतहीन जिम्मेदारियाँ।
उस जोड़े की हर तह में
उसने अपना साहस सहेज रखा था।
उसी साहस से उसने एक घर रचा।
एक ऐसा घर,
जिसकी छाँव में सब पले-बढ़े।
वर्ष आते रहे।
धीरे-धीरे, बिना कोई आहट किए।
वह माँ बनी।
फिर केवल माँ नहीं रही–
वह गीतों की संरक्षिका बनी,
रसोई की सुगंधों की रखवाली,
परम्पराओं की वाहक,
और उस प्रेम की नदी,
जिसका कोई नाम नहीं होता।

हम उसके दिए हुए जीवन में बढ़ते रहे,
पर कभी यह नहीं देख पाए
कि उस जीवन की कीमत क्या थी।
विवाह का वह जोड़ा
वैसा ही रखा रहा–
अछूता,
सहेजा हुआ,
समय की तहों में सुरक्षित।
फिर एक दिन
उसकी उँगलियाँ धीमी पड़ने लगीं।
शब्द कम हो गए।
मौन ने बातों की जगह ले ली।
तब उसने एक बार फिर संदूक खोला।
गुलाबी रंग अब भी जीवित था।
रेशम अब भी मुलायम था।
स्वर्ण अब भी अपनी आभा सँभाले हुए था।
और तब–
उसने उसे उधेड़ना शुरू किया।
एक-एक धागा।
बहुत धीरे।
मानो वस्त्र नहीं,
स्मृतियाँ खोल रही हो।
वह स्वर्ण धागों को सावधानी से लपेटती रही,
जैसे उन्हें किसी अगली यात्रा के लिए तैयार कर रही हो।
फिर जाने से पहले,
उसने वे धागे
हमारी हथेलियों पर रख दिए–
बेटियों की हथेलियों पर,
पोतियों की हथेलियों पर।

कोई उपदेश नहीं।
कोई निर्देश नहीं।
कोई शब्द भी नहीं।
क्योंकि कुछ विरासतें
बोली नहीं जातीं।
वे बस सौंप दी जाती हैं।
मौन में।
जोड़ा अब हल्का हो चुका था।
पर उसने उसे अपने सीने से लगाए रखा,
अपनी अंतिम साँस तक।
मानो उसमें अभी भी कुछ शेष हो।
शायद था भी।
आख़िर एक विवाह का जोड़ा होता क्या है?
सिर्फ़ वस्त्र?
या उस जीवन का पहला पृष्ठ
जो एक स्त्री स्वयं से आगे किसी और को समर्पित कर देती है?
वह देखता है–
बिछड़ना।
बसना।
निभाना।
जन्मों की खुशियाँ।
त्योहारों की रोशनी।
गीतों की गूँज।
और उन मौनों को भी,
जिन्हें कोई सुन नहीं पाता।
वह उन स्त्रियों का साक्षी होता है
जो एक दिन स्वयं भी स्मृति बन जाती हैं।
वह खाली हाथ नहीं गई।
जैसे कभी विवाह के दिन बदली थी,

वैसे ही एक बार फिर बदलकर चली गई।
और हम रह गए–
स्वर्ण और रेशम के वे धागे थामे हुए।
तब समझ आया–
कि अमर वह नहीं होता
जिसे हम सहेजकर रखते हैं।
अमर वह होता है
जिसे हम प्रेम से बाँट देते हैं।
वह अब भी यहीं है–
उस जोड़े में,
उस विरासत में,
और उन यादों में
जो अब भी हमारे भीतर जीवित हैं।
कहीं हमारे स्पर्श से परे,
किसी अनदेखे उजाले में,
वह शायद फिर
एक नई शुरुआत बुन रही है।

2. पापा की बिटिया

"जो हृदय में है, वह कभी दूर नहीं होता।" – रवीन्द्रनाथ ठाकुर

वह यह नहीं कहती–वे चले गए,
वह कहती है–बस नज़र से ओझल हुए।
हर साँस में, हर धड़कन में हैं समाए,
दूर नहीं, बस रूप नए अपनाए।
हर सुबह जब सूरज की किरण उतरती है,
उनकी दुआ जैसे चौखट पर ठहरती है।
हर फ़ैसले से पहले जो ठहराव आता है,
लगता है कोई चुपचाप साथ निभाता है।

लोग कहते हैं–पिता स्मृति बन जाते हैं,
समय की धूल में धीरे-धीरे खो जाते हैं।
वह मुस्काकर इस बात को टाल देती है,
कहती है–उनकी उपस्थिति ही साँस लेती है।
अनदेखे हैं, पर कहीं गए नहीं,
दिल से दूर होने का सिलसिला हुआ नहीं।
जब जीवन का शोर बहुत बढ़ जाता है,
मन फिर उसी छाँव में लौट जाता है।
अनजाने ही उँगलियाँ नम्बर मिला देती हैं,
पुरानी आदतें कब भला बदल पाती हैं।
कभी कॉल का बटन भी दब जाता है,
फिर मौन का सच सामने आ जाता है।
फिर भी कान उसी ओर लगे रहते हैं,
उम्मीद के दीप चुपचाप जले रहते हैं।
शायद इस बार फ़ोन उठा ही लें,
"बिटिया" कहकर मुझे पुकार ही लें।
उस एक पुकार में बरसों की छाँव थी,
हर डर के आगे खड़ी उनकी नाव थी।
उस नाम से सुनते ही मन खिल जाता था,
बड़ा हुआ जीवन फिर बच्चा बन जाता था।
वह मन ही मन उनका पता पूछती है,
हर दुआ में उनकी राहें ढूँढ़ती है।
शायद प्रेम ने कोई नया घर बनाया है,
बस उसका पता लिखना भूल गया है।
उसे पता है चिट्ठियाँ वहाँ नहीं जातीं,
जहाँ समय और दूरी पहुँच नहीं पाती।
फिर भी उनसे हर दिन बातें करती है,
ख़ामोशी में भी आवाज़ें सुनती है।

रसोई में, सफ़र में, रात की तन्हाई में,
भीड़ के बीच या अपनी परछाई में।
जब दुनिया बहुत बड़ी नज़र आती है,
वह फिर वही नन्ही बच्ची बन जाती है।
तब लगता है–पिता कहीं जाते नहीं,
अपने बच्चों के दिल से हट पाते नहीं।
वे आवाज़ से एहसास बन जाते हैं,
हर विश्वास में आशीष बन जाते हैं।
एक स्पर्श से साहस की डोर बनते हैं,
अँधेरों में भी उजले भोर बनते हैं।
एक व्यक्ति से बढ़कर वरदान हो जाते हैं,
हर गिरते कदम की पहचान हो जाते हैं।
इसलिए वह आज भी यही कहती है–
"मैं पापा की बिटिया हूँ," और मुस्कराती है।
कुछ रिश्ते मृत्यु से टूटते नहीं,
समय की आँधी में छूटते नहीं।
वे स्मृति से आगे आत्मा में उतरते हैं,
हर जन्म, हर पल, हर साँस में बिखरते हैं।
जीवन की हर राह पर साथ निभाते हैं,
पिता कभी नहीं जाते–बस भीतर बस जाते हैं।

3. धन्यवाद माँ

"माँ का स्नेह जीवन का वह आलोक है जो कभी क्षीण नहीं पड़ता।" – महादेवी वर्मा

कुछ ऋण ऐसे होते हैं, जो चुकाए नहीं जाते,
जीवन भर बस प्रेम बन, मन में सजाए जाते।
शब्दों से जिनका मूल्य कभी बताया नहीं जाता,
बस कृतज्ञ हृदय उन्हें हर पल निभाता जाता।
माँ,

आपका स्नेह सरिता-सा, निर्मल और महान,
जिससे महका मेरा जीवन, जिससे मिला सम्मान।
इतना सहज, इतना सरल, इतना निष्कलुष प्यार,
लगा जगत में मिलता होगा, सबको ऐसा दुलार।
बिना माँगे जो मिल जाए, बिना शर्त अपनापन,
हर आँसू को बाँहों में भर, दे दे नया जीवन।
जब-जब मैं ठोकर खाकर राहों में गिर जाती थी,
आपकी ममता बाँह बनकर मुझको थामे रहती थी।
जब मन डर से काँप उठता, साहस खो बैठती थी,
आप विश्वास से मुझमें नया प्रभात भरती थी।
जब जीवन की राह कहीं धुँधली-सी हो जाती थी,
आप स्वयं दीपक बनकर मेरी राह दिखाती थीं।
जब मुझे जीत मिली, जग ने मुझको सराहा,
आपने मुस्काकर बस ईश्वर का गुण गाया।
सबसे धीमी ताली में भी सबसे ऊँचा मान था,
मेरी हर उपलब्धि में बस आपका ही ध्यान था।
कब थक जाती थीं आप, मैं यह जान न पाई,
अपनी कितनी चाहत आपने चुपचाप भुला दी भाई।
अपने हर दुःख को हँसकर आँचल में छिपा लिया,
हम सबके चेहरे पर बस खुशियों का दीप जला दिया।
बचपन इतना कहाँ समझता त्यागों की परिभाषा,
उसे तो बस इतना दिखता—माँ है मेरी आशा।
बारिश हो या धूप कड़ी, हर मौसम की छाँव बनीं,
बीमारी हो, दुःख हो चाहे, हर पल मेरी नाव बनीं।
धीरे-धीरे माँ ही घर का सबसे प्यारा नाम हुईं,
हर धड़कन की पहली पूजा, हर साँस का धाम हुईं।
आज बरसों बाद समझा हूँ, प्रेम तुम्हारा क्या है,
यह उत्सव की क्षणिक चमक नहीं, जीवन की प्रार्थना है।

साँसों जैसा साथ तुम्हारा, हर पल मेरे संग रहा,
इतना पास कि अक्सर मैंने उसका मूल्य न कहा।
जीवन ही नहीं, जीने का विश्वास दिया तुमने,
हर हार में भी जीत का एहसास दिया तुमने।
गिरकर फिर उठ जाना सिखाया, सपनों को संवारना,
हर अँधेरी रात के बाद सूरज को निहारना।
सबसे प्रेम निभाना सिखाया, मन को क्षमा सिखाई,
सबसे कठिन जो सीख थी, वह भी आपने समझाई।
आज आईने में अपने चेहरे की रेखाएँ देखूँ,
उनमें आपकी मुस्कानों की मधुर कथाएँ देखूँ।
तब समझूँ–विरासत केवल गहनों की पहचान नहीं,
ममता, धैर्य, करुणा से बढ़कर कोई धनवान नहीं।.
वह आदतों में बसती है, व्यवहारों में खिलती है,
मीठे-मीठे शब्द बनकर हर रिश्ते में मिलती है।
जो प्रेम आपने बोया था, अब आगे बढ़ता जाता है,
हर अच्छे कर्म में माँ, बस आपका ही अंश समाता है।
धन्यवाद उन बातों का जो आपने कह डालीं,
और उन अनगिन बातों का जो चुपचाप निभा डालीं।
हर जागी हुई रात का, हर मौन प्रार्थना का,
हर छोटे-से त्याग का, हर अटल साधना का।
जब मैं खुद पर विश्वास कभी कर ही नहीं पाती थी,
तब भी मेरी जीत की राह आप ही बन जाती थीं।
यदि मुझमें कुछ सुंदर है, उसकी पहली ज्योति आप,
यदि मुझमें करुणा है, उसका अमृत-स्रोत हो आप।
यदि मैं किसी के जीवन में थोड़ी-सी मुस्कान बनी,
तो समझूँगी माँ, मैं आप ही के प्रेम की पहचान बनी।
आपकी ममता की छाया का बस छोटा-सा विस्तार हूँ,
आपके ही संस्कारों से महका मैं एक नया संसार हूँ।

माँ, कुछ शब्द सदा ही छोटे रह जाते संसार में,
भाव समेट न पाते अपने छोटे-से आकार में।
"धन्यवाद" भी ऐसा ही एक अधूरा-सा उपहार,
जिसमें कैसे समा सके बेटी का इतना सारा प्यार?
फिर भी दोनों हाथ जोड़, आज यही अर्पण करती हूँ,
श्रद्धा, प्रेम, सम्मान सहित चरणों में धरती हूँ।
जीवन भर जो साथ रहा, वह अनुपम उपकार है–
धन्यवाद, माँ...
मेरा हर श्वास आपका ही आभार है।

4. स्मृतियों की सलवटें

"मनुष्य वस्तुओं को नहीं सँजोता, वह उनसे जुड़ी स्मृतियों को सँजोता है।" – अज्ञेय

अलमारी के सबसे ऊपरी खाने में
वह साड़ी अब भी रखी है।
वर्षों से।
सावधानी से तह की हुई।
समय की उँगलियों से बचाकर।
स्मृतियों की धूप में सुखाकर।
उसे कोई विशेष अवसर नहीं चाहिए।
क्योंकि अब वह केवल साड़ी नहीं रही।
वह एक कहानी है।
और कहानियाँ पहनी नहीं जातीं,
सँजोई जाती हैं।
उसकी हर तह में
एक ऋतु सोई हुई है।
किसी विवाह की चहल-पहल।
किसी विदाई की नमी।
किसी त्योहार की रोशनी।
किसी घर की पहली सुबह।
जब वह साड़ी खुलती है,
केवल कपड़ा नहीं खुलता।
समय खुलता है।
वर्ष खुलते हैं।
वे चेहरे खुलते हैं
जो अब तस्वीरों में रहते हैं।

पहली तह में
दादी की हँसी रखी है।
दूसरी में
माँ की व्यस्त हथेलियाँ।
तीसरी में
वे अधूरे वाक्य
जो कभी कहे नहीं गए।
कुछ सलवटें ऐसी भी हैं
जिन्हें कोई इस्त्री नहीं मिटा सकती।
क्योंकि वे कपड़े पर नहीं,
जीवन पर पड़ी होती हैं।
एक सलवट
उस दिन की है
जब बेटी पहली बार विदा हुई थी।
एक उस रात की
जब किसी ने रोते हुए भी
मुस्कुराना चुना।
एक उस क्षण की
जब किसी स्त्री ने
स्वयं को पीछे रखकर
सबको आगे बढ़ा दिया।
समय ने रंग थोड़े हल्के कर दिए हैं।
किनारों की चमक भी
पहले जैसी नहीं रही।
पर कुछ चीज़ें
फीकी नहीं पड़तीं।
प्रेम उनमें से एक है।
स्मृति भी।

और वह स्पर्श भी
जो वर्षों बाद
किसी वस्त्र से लौटकर
हथेलियों में उतर आता है।
वह साड़ी जानती है
कि घर केवल दीवारों से नहीं बनते।
घर बनते हैं
उन चीज़ों से
जिन्हें लोग फेंक नहीं पाते।
पुराने पत्र।
पीले पड़ चुके चित्र।
टूटी हुई चूड़ियाँ।
समय की तहों में दबा गुलाब ।
और वे साड़ियाँ
जिनकी तहों में
पूरा एक जीवन रखा होता है।
वह किसी को पुकारती नहीं।
कोई दावा नहीं करती।
फिर भी उसकी उपस्थिति
पूरे कमरे में बनी रहती है।
जैसे किसी प्रियजन की स्मृति।
जैसे किसी पुराने गीत की धुन।
जैसे प्रार्थना के बाद बची हुई शांति।
और तब समझ में आता है—
स्मृतियाँ कभी सीधी नहीं रहतीं।
वे तहों में रहती हैं।
सलवटों में रहती हैं।
समय के साथ मुड़ती,
सँभलती,

छिपती,
फिर अचानक सामने आ जाती हैं।
शायद इसलिए
स्त्रियाँ साड़ियाँ इतनी सावधानी से तह करती हैं।
वे केवल कपड़ा नहीं समेटतीं।
वे दिनों को समेटती हैं।
ऋतुओं को।
रिश्तों को।
अपने जीवन के बिखरे हुए प्रकाश को।
और जब अगली पीढ़ी
वही साड़ी हाथ में लेती है,
तो उसे केवल वस्त्र नहीं मिलता।
उसे एक विरासत मिलती है।
स्मृतियों की।
प्रेम की।
और उन स्त्रियों की,
जो चली तो गईं,
पर अपनी सलवटें
समय की तहों में छोड़ गईं।

5. हम अब भी यहाँ हैं

"प्रत्येक स्त्री अपने भीतर उन असंख्य स्त्रियों की कहानी लिए चलती है जो उससे पहले आई थीं।" – महादेवी वर्मा

हमारे नाम
शायद इतिहास की पुस्तकों में दर्ज नहीं हैं।
किसी स्मारक पर
हमारी प्रतिमाएँ नहीं खड़ी।
किसी युद्ध के विजेताओं में
हमारा उल्लेख नहीं मिलता।
फिर भी–
हम यहाँ हैं।
हम उन स्त्रियों की बेटियाँ हैं
जिन्होंने अपने हिस्से की धूप
दूसरों के लिए बचाकर रखी।
जिन्होंने थकान को
मुस्कान के भीतर छिपाया।
जिन्होंने टूटने के बाद भी
घरों को बिखरने नहीं दिया।
हम उन हाथों की विरासत हैं
जिन्होंने रोटियाँ बेलीं,
कपड़े सिए,
बच्चों का माथा सहलाया,
और फिर भी
अपने सपनों के लिए
बहुत कम जगह पाई।

हम उन आवाज़ों की गूँज हैं
जिन्हें अक्सर बीच में रोक दिया गया।
उन इच्छाओं की संतति हैं
जिन्हें कर्तव्य के नाम पर
चुप करा दिया गया।
उन प्रश्नों की उत्तराधिकारी हैं
जिन्हें कभी पूछने की अनुमति नहीं मिली।
फिर भी–
हम यहाँ हैं।
समय बदलता रहा।
घर बदले।
शहर बदले।
भाषाएँ बदलीं।
पर कुछ चीज़ें
पीढ़ियों के पार चलती रहीं।
साहस।
धैर्य।
प्रेम।
और फिर से शुरू कर देने की अद्भुत क्षमता।
हमारी दादियाँ
कम बोलती थीं।
हमारी माताएँ
थोड़ा अधिक बोलीं।
और हम–
हम अपने हिस्से की आवाज़
वापस सीख रही हैं।
यह विद्रोह नहीं,
स्मृति की निरंतरता है।

एक धागा
दूसरे धागे से जुड़ता हुआ।
एक स्त्री
दूसरी स्त्री का हाथ थामती हुई।
हमने विरासत में
केवल गहने नहीं पाए।
हमें मिला है–
दुःख सहने का धैर्य,
प्रेम करने का साहस,
और हर गिरावट के बाद
फिर उठ खड़े होने का विश्वास।
हमारे भीतर
वे सभी स्त्रियाँ जीवित हैं
जिन्होंने कभी हार नहीं मानी।
वे जो चुप रहीं।
वे जो बोलीं।
वे जो चली गईं।
और वे भी
जिन्हें दुनिया ने कभी ठीक से देखा ही नहीं।
कभी-कभी
उनकी उपस्थिति
किसी सुगंध की तरह लौटती है।
किसी पुराने गीत में।
किसी रसोई की महक में।
किसी साड़ी की तह में।
किसी प्रार्थना के बीच।
और तब लगता है
कि वे गई नहीं हैं।

वे बस
हमारे भीतर रहने लगी हैं।
कुछ विरासतें
संपत्ति की तरह नहीं मिलतीं।
वे रक्त में बहती हैं।
दृष्टि में उतरती हैं।
स्वभाव में खिलती हैं।
और जीवन जीने के ढंग में
धीरे-धीरे दिखाई देने लगती हैं।
इसलिए
जब दुनिया पूछती है
कि उन स्त्रियों का क्या हुआ
जो इतिहास के हाशियों पर थीं,
तो उत्तर सरल है–
वे यहीं हैं।
हमारी हँसी में।
हमारे साहस में।
हमारे निर्णयों में।
हमारे प्रेम में।
वे हर उस स्त्री में जीवित हैं
जो भय के बावजूद आगे बढ़ती है।
हर उस माँ में
जो आशा बोती है।
हर उस बेटी में
जो अपने लिए नया आकाश चुनती है।
और इसलिए,
समय चाहे जितना बदल जाए,
कथाएँ चाहे जितनी पुरानी हो जाएँ,
धागे अब भी जुड़े हुए हैं।

स्मृतियाँ अब भी साँस ले रही हैं।
और हम–
हम अब भी यहाँ हैं।

6. ओस और उजाला

"सबसे कोमल वस्तुएँ ही प्रायः सबसे गहरे चिन्ह छोड़ जाती हैं।" – खलील जिब्रान

वह उन लड़कियों में से थी
जिन्हें देखकर लगता है
मानो सुबह ने उन्हें अपने हाथों से गढ़ा हो।
ओस की एक बूँद की तरह–
पारदर्शी,
निर्मल,
और ओस की बूँद-सी
क्षणिक चमक लिए हुए।
उसके भीतर कोई शोर नहीं था।

वह उन लोगों में नहीं थी
जो हर कमरे में अपनी उपस्थिति दर्ज कराते हैं।
वह तो बस आ जाती थी,
और वातावरण थोड़ा कोमल हो जाता था।
जैसे किसी तपती दोपहर में
अचानक बादल का एक टुकड़ा आ जाए।
जैसे किसी थके हुए मन को
बिना कारण एक गीत याद आ जाए।
जैसे किसी खिड़की पर
सुबह की पहली धूप उतर आए।
लोग उसकी विनम्रता को
उसकी कमजोरी समझ लेते थे।
उसकी चुप्पी को
अनिश्चितता।
उसकी कोमलता को
असुरक्षा।
क्योंकि संसार अक्सर
शक्ति को
केवल ऊँची आवाज़ों में पहचानता है।
पर वे नहीं जानते थे
कि ओस की बूँदें भी
रात भर के अँधेरे को सहकर जन्म लेती हैं।
उनकी चमक
सहज नहीं होती।
वह धैर्य से बनती है।
उसने भी बहुत कुछ सहा था।
अस्वीकार।
गलतफ़हमियाँ।

वे शब्द
जो कहे तो जाते हैं,
पर कभी वापस नहीं लिए जाते।
वे बिछोह
जो किसी मृत्यु की तरह नहीं,
बल्कि धीरे-धीरे घटित होते हैं।
फिर भी
उसके भीतर कटुता नहीं उगी।
उसने अपने घावों को
काँटे नहीं बनने दिया।
उसने उन्हें
करुणा में बदल दिया।
यही उसकी सबसे बड़ी शक्ति थी।
टूटकर भी
कठोर न होना।
रोकर भी
प्रेम करना।
बिखरकर भी
सौन्दर्य को पहचानना।
समय बीतता गया।
लोग बदलते गए।
ऋतुएँ आती-जाती रहीं।
पर उसके भीतर
एक कोमल उजाला बना रहा।
जैसे भोर का पहला तारा।
जैसे मंदिर में बची हुई अंतिम लौ।
जैसे प्रार्थना का वह अंश
जो शब्द समाप्त होने के बाद भी
मन में ठहरा रहता है।

और तब समझ में आया–
वह ओस से बनी नहीं थी।
वह तो उस धरती की संतान थी
जो हर रात अँधेरे को सहती है
और हर सुबह
फिर से चमक उठती है।
कुछ लोग जीवन में
वृक्षों की तरह आते हैं।
कुछ पर्वतों की तरह।
और कुछ–
ओस की बूँदों की तरह।
वे बहुत देर नहीं ठहरते,
पर जिस पत्ती पर ठहरते हैं,
उसे थोड़ी देर के लिए
आकाश का प्रतिबिम्ब दे जाते हैं।
वह भी वैसी ही थी।
ओस से बनी हुई नहीं,
बल्कि उस सौन्दर्य से बनी हुई
जिसे केवल संवेदनशील आँखें देख पाती हैं।

7. वह पृष्ठ जो मुड़ा रह गया

"कुछ प्रेम कहानियाँ मिलन में नहीं, स्मृति में पूरी होती हैं।" – अमृता प्रीतम

कुछ प्रेम कहानियाँ
समाप्त नहीं होतीं।
वे बस अधूरी पढ़ी रह जाती हैं।
जैसे किसी पुस्तक में
मोड़ा हुआ एक पृष्ठ।
जैसे किसी पत्र का
कभी न भेजा गया उत्तर।
वे मिले थे
ठीक उस समय
जब जीवन सबसे अधिक संभव लगता है।
शब्द सहज थे।
मौन भी।

और भविष्य
एक खुली सड़क की तरह सामने फैला था।
पर जीवन
प्रेम से अधिक जटिल निकला।
रास्ते अलग हुए।
समय बीत गया।
घर बस गए।
ऋतुएँ बदल गईं।
पर कुछ पृष्ठ
वहीं खुले रह गए।
वर्षों बाद भी
जब कोई गीत सुनाई देता,
या कोई परिचित सुगंध
अचानक हवा में घुल जाती,
तो कहानी फिर से खुल जाती।
पूरी नहीं।
बस उतनी
जितनी स्मृति अनुमति देती।
प्रेम समाप्त नहीं हुआ था।
उसने केवल
अपना रूप बदल लिया था।
अब वह साथ नहीं था।
वह एक शांत कोना था
हृदय के भीतर,
जहाँ कोई कभी-कभी लौट आता है।
बिना दस्तक दिए।

8. तुमसे मैं पूर्ण हूँ

"सबसे लंबी यात्रा वह है जो हमें स्वयं तक ले जाती है।" – दाग हैमरशोल्ड

उसने बहुत वर्षों तक सोचा
कि पूर्णता किसी और में मिलती है।
किसी साथी में।
किसी प्रेम में।
किसी स्वीकृति में।
किसी वचन में।

फिर जीवन ने उसे सिखाया
कि अधूरापन
बाहर नहीं होता।
वह भीतर होता है।
और पूर्णता भी।
जब वह स्वयं को स्वीकारने लगी,
अपने घावों सहित,
अपनी भूलों सहित,
अपनी अपूर्णताओं सहित,
तब पहली बार
उसे शांति मिली।
तब प्रेम आया।
और उसने कहा–
"मैं तुम्हें पूरा करने नहीं आया।
मैं तुम्हारी पूर्णता का साक्षी बनने आया हूँ।"
उस दिन
प्रेम स्वामित्व नहीं रहा।
वह संगति बन गया।
दो अधूरे लोगों का मिलन नहीं,
दो सम्पूर्ण आत्माओं का साथ।
और तब उसने जाना–
सच्चा प्रेम यह नहीं कहता,
"तुम्हारे बिना मैं कुछ नहीं।"
सच्चा प्रेम कहता है,
"मैं अपने आप में पूर्ण हूँ,
और तुम्हारे साथ
यह पूर्णता और सुंदर हो जाती है।"

9. नारियलों की वर्षा

"यदि मैं प्रेम को जान पाया हूँ, तो वह तुम्हारी वजह से है।" – हरमन हेसे

उस सुबह में
उत्सव की एक शांत आहट थी।
वह रेशमी परिधानों में उतर आई थी,
खुले गहनों के डिब्बों में,
मिठाइयों की थालियों में,
और उन आँखों में
जो हर क्षण को स्मृति बना लेना चाहती थीं।

वह हमारी सगाई का दिन था।
मैं एक ऐसे संसार में प्रवेश कर रही थी
जहाँ बोलियाँ अलग थीं,
रीतियाँ अलग थीं,
और उत्सव की धड़कन भी
कुछ और ही थी।
फूल सजाए गए थे
जैसे उनके भी अपने अर्थ हों।
आईनों में केवल चेहरे नहीं,
अपेक्षाएँ भी दिखाई दे रही थीं।
मैंने स्वयं को सरल ही रहने दिया–
हल्की-सी बिंदी,
काजल की एक रेखा,
और वही चेहरा
जिसे मैं पहचानती थी।
फिर रस्में शुरू हुईं।
अँगूठी उँगली में सजी,
हँसी वातावरण में घुल गई,
और जीवन
धीरे-धीरे नई दिशा में मुड़ने लगा।
तभी नारियल आने लगे।
एक-एक करके।
हर नारियल के साथ
एक आशीर्वाद।
हर आशीर्वाद के साथ
एक रंगीन कपड़ा।
हर कपड़े के साथ
एक नई शुभकामना।
शुरू में सब अच्छा लगा।

पाँच नारियल–
प्रतीक।
दस–
उदारता।
उसके बाद
यह परम्परा
व्यायाम जैसी लगने लगी।
मैं मुस्कुराती रही,
पल्लू सँभालती रही,
और गुरुत्वाकर्षण से
अपनी निजी लड़ाई लड़ती रही।
उधर वह,
कमरे के उस पार,
हँसी रोकने की असफल कोशिश कर रहा था।
और शायद वही
मुझे सबसे अधिक हँसा रहा था।
जब सब समाप्त हुआ,
मेरी गोद में
नारियलों का एक छोटा-सा पहाड़ था।
मैंने पूछा,
"इनका क्या करूँ?"
उत्तर मिला,
"अब ये तुम्हारे हैं।"
मानो यह प्रश्न
पूछने योग्य ही न हो।
कुछ दिनों बाद
वे नारियल
रसोई तक पहुँच गए।
चटनियों में घुल गए।

साधारण सुबहों का हिस्सा बन गए।
और तब समझ आया–
विवाह भी ऐसा ही होता है।
आशीर्वाद,
परम्पराएँ,
अपेक्षाएँ,
सलाहें,
रिश्ते–
सब एक साथ
तुम्हारी गोद में रख दिए जाते हैं।
शुरुआत में वे भारी लगते हैं।
फिर धीरे-धीरे
जीवन उन्हें अपने स्थान दे देता है।
और दो लोग सीखते हैं–
साथ चलना
सब कुछ समझ लेने से नहीं,
सब कुछ साथ उठाने से शुरू होता है।

10. वाह! शादियाँ

"सुखपूर्वक जीवन बिताने का कोई अंतिम अध्याय नहीं होता; हर दिन ही जीवन है।" – मार्गरेट एटवुड

शायद हम भूल जाते हैं–
विवाह एक दिन है,
जीवन नहीं।
फिर भी उस एक दिन के लिए
रोशनियाँ
हँसी से अधिक चमकती हैं।

संगीत भावना से अधिक ऊँचा बजता है।
हज़ार मेहमान, लाखों राय।
और रेशम की तहों के नीचे
दबा हुआ एक मौन सत्य।
लोग कहते हैं–
"वाह!"
शहरों से मँगाए गए फूलों पर।
"वाह!"
सोने के बोझ से झुकी मुस्कानों पर।
"वाह!"
उस मंच पर
जहाँ प्रेम को भी
निर्धारित समय पर
प्रदर्शन करना पड़ता है।
एक ओर एक पिता
जगमग रातों की कीमत गिनता है।
रसीदों में बँधी प्रतिष्ठा।
गेंदे के फूलों में लिपटे ऋण।
आशीर्वाद के वेश में
छिपे हुए कर्ज़।
दूसरी ओर,
कुछ न कुछ हमेशा कम पड़ जाता है।
भोजन।
उपहार।
व्यवस्था।
सम्मान।
क्योंकि कुछ दृष्टियाँ
प्रेम से अधिक की अभ्यस्त होती हैं।

और आतिशबाज़ियों के बीच
एक प्रश्न चुपचाप खड़ा रहता है–
क्या यह सब
वास्तव में कुछ सुनिश्चित करता है?
क्या हीरे
सम्मान खरीद सकते हैं?
क्या ऑर्केस्ट्रा
सौम्यता की गारंटी देता है?
क्या भव्य भोज
भविष्य को मधुर बना सकता है?
या विवाह को सफल?
विवाह बाद में बनता है–
साधारण दिनों में,
छोटे कमरों में,
धैर्य की उन ईंटों से
जिन्हें धन कभी नहीं खरीद सकता।
क्या हो
यदि "वाह" का अर्थ कुछ और हो?
एक शिक्षित बेटी।
एक संवेदनशील बेटा।
एक ऐसा भविष्य
जो दिखावे से नहीं,
समझ से बनाया गया हो।
क्योंकि साथ जिया गया जीवन
हमेशा
किसी भव्य विवाह से बड़ा होता है।

11. भैंगी दुल्हन

"हम वही देखते हैं जिसकी हमें तलाश होती है।" – जॉन लबॉक

उसने प्रवेश किया।
गरिमा में लिपटी हुई।
मौन में ढकी हुई।
और उन कल्पित कमियों के साथ
जो उसके बारे में
उससे पहले पहुँच चुकी थीं।
आँगन में स्त्रियाँ जुटी थीं।
फुसफुसाहटें
चाय की भाप की तरह उठ रही थीं।

घूँघट उठने से पहले ही
निर्णय तैयार था।
तभी किसी ने कहा–
"उसकी आँखें भैंगी हैं।"
बस इतना ही।
और बात
सत्य का रूप धर गई।
लोग थोड़ा और झुककर देखने लगे।
मानो किसी दोष की खोज में हो।
मानो किसी कमी को
क्षमा करने की तैयारी हो।
पर वहाँ कोई दोष नहीं था।
केवल उजाला था।
"कितनी सुंदर आँखें हैं।"
किसी ने धीरे से कहा -
"हंस जैसी।"
दूसरी आवाज़ आई-
"मृगनयनी ।" , "नैनन हीं सों बात।"
धीरे-धीरे, एक-एक कर, प्रशंसा के स्वर उठने लगे
और अचानक
कमरे का स्वभाव बदल गया।
कठोरता पिघल गई।
निर्णय प्रशंसा बन गए।
दुल्हन वहीं खड़ी रही।
पर कहानी बदल गई।
तब लगा–
सुंदरता कई बार
वस्तु में नहीं होती,
दृष्टि में जन्म लेती है।

और संसार को बदलने के लिए
कभी-कभी
केवल एक वाक्य पर्याप्त होता है।

12. मदर-इन-लॉज़ टंग

"प्रेम की शुरुआत घर से होती है।" – मदर टेरेसा

विवाह के दिन
मुझे एक पौधा मिला।
नाम था–
"मदर-इन-लॉज़ टंग"।
किसी ने मुस्कुराकर कहा,
"इसे स्नेक प्लांट भी कहते हैं।"
मैंने भी मुस्कुरा दिया।
लंबा।

सुघड़।
अडिग।
और सोचा–
इसमें भला समस्या क्या हो सकती है?
फिर मैं उनसे मिली।
उन्होंने स्नेह से स्वागत किया।
एक ऐसी मुस्कान के साथ
जो बहुत कुछ जानती थी।
उनकी बातें भी
उसी पौधे जैसी थीं।
सीधी।
संतुलित।
गहरी जड़ों वाली।
"उसे यह पसंद है।"
"हमारे यहाँ यह परम्परा है।"
"धीरे-धीरे सब सीख जाओगी।"
सलाहें
धूप की तरह आती रहीं।
ज़रूरी भी।
और कभी-कभी
थोड़ी ज़्यादा भी।
बीच में वह खड़ा रहता–
मुस्कुराता हुआ,
यह तय न कर पाता
कि किसकी ओर देखे।
मैं उस पौधे को पानी देती रही।
और एक दिन समझ गई–
यह केवल एक पौधा नहीं।
यह विरासत है।

स्नेह की।
चिंता की।
और उन आदतों की
जो प्रेम के साथ चली आती हैं।
तब जाना–
नई मोहब्बत को
जड़ों की आवश्यकता होती है,
पर थोड़ी-सी खुली जगह की भी।
इसलिए आज
मैं उन्हें प्रणाम करती हूँ।
और स्वयं को भी।
हम दोनों सीख रही हैं–
कब थामे रखना है,
और कब प्रेम को
स्वतंत्र बढ़ने देना है।

13. आम्र-ऋतु

"फलों के लिए आम वही है, जो फूलों के लिए सुगंध।" – अमीर ख़ुसरो

जब गर्मियों की हवा
धीमी और मीठी हो जाती थी,
और दोपहरें
सोने-सी पिघलती थीं,
तब आमों का मौसम आता था।
उसके साथ आते थे

अल्फ़ांसो।
दूर के बाग़ से भेजे गए।
इतने जतन से सँभाले हुए
मानो कोई प्रेमपत्र हों।
और उनके साथ आते थे
उसके नियम।
"अभी नहीं।"
"उन्हें और पकने दो।"
"सही समय का इंतज़ार करो।"
"ये फ़्रिज में नहीं जाएँगे..."
...और हर साल वही निर्देश ...
वह पूरे वर्ष
उस पहले कौर की प्रतीक्षा करता था।
उसे विश्वास था–
अल्फ़ांसो का कोई मुकाबला नहीं।
विशेषकर दशहरी तो बिल्कुल नहीं।
मैं हँस देती।
क्योंकि मेरा प्रेम
कहीं अधिक सहज था।
हाथ में पकड़ा हुआ एक दशहरी।
टपकता हुआ रस।
बिना किसी विधि-विधान का आनंद।
"तुम बहुत सोचते हो।"
मैं कहती।
"और तुम बहुत कम जानती हो।"
वह मुस्कुरा देता।
धीरे-धीरे
मिठास बहस बन गई।
बहस अपनापन।

और अपनापन प्रेम।
फिर एक दिन
हमने तुलना करना छोड़ दिया।
सिर्फ स्वाद लेना शुरू किया।
मैंने धैर्य से
अल्फ़ांसो को चखा।
उसने अधपके दशहरी में भी
आनंद खोज लिया।
और हमारी हँसी
दो स्वादों की तरह घुल गई।
क्योंकि प्रेम,
आमों की तरह,
केवल एक प्रकार की मिठास नहीं होता।
वह धैर्य भी है।
उतावलापन भी।
संयम भी।
समर्पण भी।
और दो कौरों के बीच का वह मौन भी,
जहाँ कोई जीतता नहीं,
केवल साथ होता है।

14. 13910T उत्परिवर्तन

"किसी का अमृत, किसी का विष।" – लुक्रेतियस

वह बड़ी हुई ...
दूध से भरे गिलासों के साथ,
स्टील की कटोरियों में जमे
बादलों जैसे दही के साथ,

रोटियों पर पिघलते
सुनहरे घी के साथ।
दूध और स्वाद की दुनिया में पली
एक प्रसन्न लड़की।
फिर उसका विवाह
ऐसे घर में हुआ
जहाँ दूध, दही और पनीर से प्रेम
एक अजीब-सी आदत माना जाता था।
"दूध नहीं।
दही नहीं।
पनीर नहीं।"
मानो लैक्टोज कोई अपराध हो,
मानो मक्खन कोई कुसंस्कार।
वे लैक्टोज पेट की तकलीफ़ों का ज़िक्र
ऐसे करते थे
जैसे वह समूची मानवता का सत्य हो।
उन्हें क्या मालूम था,
उसके भीतर तो
एक पुराना जैविक विद्रोह
चुपचाप जीवित था।
13910T नाम का वह छोटा-सा जीन,
जो कहता है–
"निश्चिंत रहो,
मैं यह सब पचा सकती हूँ।"
जब वे उसके पनीर
और भरपूर दही की कटोरी को
संदेह से देखते,
वह मन ही मन मुस्कुराती।

सभ्यताएँ पशुओं के साथ चलीं,
इतिहास दही में धीरे-धीरे खमीर बनता रहा,
और वह,
विकासवाद की स्वीकृति लिए,
लस्सी पीने के लिए बनी थी,
परिवार के नियमों से वंचित।
उसकी दही की कटोरी
धीरे-धीरे छोटी होती गई,
जैसे कोई समझौता
जो उसने कभी चुना ही नहीं।
उसे अजीब लगता–
उसका डीएनए "हाँ" कहता था,
और उसका विवाह "नहीं"।
फिर उसे समझ आया,
लैक्टोज असहिष्णुता
विरासत में मिलती है।
और शायद,
कुछ दूसरी असहिष्णुताएँ भी।

15. अत्याचार का प्रमाण

"मैं अपनी आवाज़ इसलिए नहीं उठाती हूँ कि मैं ऊँचा बोल सकूँ , बल्कि इसलिए कि जिनकी आवाज़ नहीं है, उन्हें सुना जा सके।" – मलाला यूसुफ़ज़ई

लोग कहते हैं–
अत्याचार तभी कहलाता है
जब चेहरा नीला पड़ जाता है,
जब बेल्ट की हर चोट
त्वचा पर अपना नाम लिख जाती है,
जब टूटी हड्डियाँ
अदालत में बयान बन जाती हैं।
तब तक?
दर्द बस एक कहानी है,
जिस पर दुनिया मुस्कुराती है।
वह भटकती है
दर-दर,
नगर-नगर,
एक ऐसा तन लिए
जिसका हर रेशा
सच की शपथ लिए खड़ा है।
पर लोग पूछते हैं–
"सबूत कहाँ है?"
मानो पीड़ा को भी
काग़ज़ पर उतरना हो,
मानो आँसू को भी
मोहर लगवाना हो।

क्या हर धड़कन पर
कैमरा बाँध लेती?
हर गाली,
हर धक्का,
हर अपमान,
हर तिरस्कार–
क्या सबका लेखा रखती?
वह पढ़ी-लिखी है,
समझदार है,
स्वाभिमानी है,
फिर भी हर मोड़ पर
संदेह की धूल खाती है।
जहाँ घर की इज़्ज़त
उसके सम्मान से बड़ी ठहरती है,
और उसकी चुप्पी
सबकी सुविधा बनती है।
पर उसका तकिया
सब जानता है।
हर रात
उसके आँसू पी जाता है।
बच्चे जानते हैं।
दीवारें जानती हैं।
आँगन की हवा तक
हर चीख़ पहचानती है।
फिर भी
हर ओर सन्नाटा है।
उसके नाम पर,
उसके ब्याह पर,
उस झूठी शांति पर

जिसे समाज निभाता है।
बस!
अब और नहीं।
वह जन्मी नहीं थी
हर दिन टूटने के लिए,
किसी के क्रोध में
धीरे-धीरे छूटने के लिए।
कोई वचन
हिंसा को धर्म नहीं देता,
कोई रिश्ता
अत्याचार को कर्म नहीं देता।
सुनो–
अब उसकी आवाज़
सिसकी नहीं,
हुंकार है।
अब उसका मौन
हार नहीं,
ललकार है।
जो कुछ सहा है,
समय ने लिख रखा है।
हर आँसू,
हर घाव,
हर आह का
एक-एक हिसाब रखा है।
कर्म कहो,
ईश्वर कहो,
या समय का विधान–
लौटकर आता है
हर अपमान।

जो पीड़ा तुम बोओगे,
वही पीड़ा उगेगी।
जिस राह उसे धकेला,
वही राह तुम्हें छुएगी।
उसके धैर्य को
अपनी जीत मत समझो।
अपनी ताक़त को
अपनी रीत मत समझो।
पुरुष होना
विशेषाधिकार नहीं,
किसी स्त्री को
अपमानित करने का अधिकार नहीं।
एक दिन
तराज़ू बदलेगा।
समय पलटेगा।
और तुम वहीं खड़े होगे
जहाँ कभी वह खड़ी थी–
बहुत देर से समझते हुए
कि पीड़ा का सफ़र लंबा सही,
पर वह
अपने घर का रास्ता
कभी नहीं भूलती।
याद रखो - अत्याचार का सबसे बड़ा प्रमाण, अक्सर वही होता है जो दिखाई नहीं देता।

16. चंदा मामा दूर नहीं

"हर स्त्री के आकाश में एक चाँद होता है, जो उसे याद दिलाता है कि रात स्थायी नहीं होती"

चंदा मामा दूर के,
सुन लो मन की बात रे।
खिड़की वाली चौखट पर
बैठी हूँ चुपचाप रे।
बचपन में जो कहती थी–
"लड्डू लाना, खीर भी,"
आज न लड्डू, न खिलौने,
सुन लो बस यह पीर ही।

चंदा मामा, सच बतलाना,
क्या तुम माँ के घर गए?
क्या मेरी अम्मा अब भी
मेरी राह निहार रही?
क्या चौखट पर बैठी-बैठी
मेरा ही इंतज़ार करे?
क्या मेरी हर चुप्पी सुनकर
मन ही मन वह आह भरे?
उनसे कहना–
उनकी बिटिया
अब भी हँसना सीख रही।
दर्द भले ही साथ चले,
हिम्मत ने मानी हार नहीं।
आँसू आते हैं आँखों में,
पर उम्मीद लाचार नहीं।
चंदा मामा हँसकर बोले–
"बिटिया मेरी, याद रखो,
रात कभी ठहरती नहीं।
बादल चाहे लाख घिरें,
चाँदनी बिखरती यहीं।
मैं भी घटता,
मैं भी बढ़ता,
फिर भी होता कम नहीं।
समय बदलता रहता है,
रुकता कोई ग़म नहीं।
जिस खिड़की से आज मुझे,
तुम चुपके-चुपके देख रही,
कल उसी सुनहरी राह पर,
दिखोगी नए रंगों में घुली-मिली ।

एक नई सुबह आएगी,
नई दिशाएँ चुनोगी,
अपने पंखों से उड़कर,
अपने सपनों को बुनोगी।
आँखों में उम्मीद लिए,
नई कहानी लिखोगी,
हर कदम पर मुस्काकर,
अपनी दुनिया रचोगी।
डर की हर ज़ंजीर टूटे,
जीवन फिर से फूल बने।
सूनी डाली पर भी देखो,
एक दिन फिर बौर लगे।
याद रखो–
रात भले ही गहरी हो,
भोर कभी रुकती नहीं।
जो स्त्री स्वयं सँभल जाए,
उसकी राह झुकती नहीं।"
मैं मुस्काई।
आज लगा–
चंदा मामा दूर नहीं।
माँ के आँगन की
वही पुरानी चाँदनी
अब भी
मेरी खिड़की तक
उतरती यहीं।

17. संस्कृति का चक्र

"जहाँ 'मैं' और 'तुम' का आग्रह समाप्त होता है, वहीं 'हम' का जन्म होता है।"

– खलील जिब्रान

शुरुआत प्रेम से होती है–
सरल,
उज्ज्वल,
मानो दो जीवनों ने
एक ही प्रकाश में
अपना प्रतिबिम्ब पा लिया हो।
पर फिर समय का चक्र घूमता है।
हर भिन्नता
धीरे-धीरे अपना परिचय देती है।
एक के स्वाद में मसालों की गर्माहट है,
दूसरे के स्वाद में मिठास की स्मृतियाँ।
भाषाएँ कभी एक-दूसरे को छूती हैं,
कभी एक-दूसरे से चूक जाती हैं–
और कहीं
"तुम्हारा" और "मेरा"
के बीच
कुछ अर्थ खो जाते हैं।
परम्पराएँ अपनी ओर खींचती हैं,
अपेक्षाएँ आकार लेने लगती हैं,
और प्रेम,
जो कभी इतना सहज था,
धीरे-धीरे

अपने लिए जगह खोजने लगता है।
वे दोनों
बीचों-बीच खड़े रहते हैं–
युवा,
अनिश्चित,
यह समझने की कोशिश में
कि कितना झुकना है,
और कितना स्वयं बने रहना है।
और तब मन पूछता है–
क्या प्रेम इतना जटिल होना चाहिए?
क्या वह संसार नहीं हो सकता
जहाँ "हम"
ही पर्याप्त हो
"मैं" और "तुम" की जहां जगह ना हो,
जहाँ किसी को
अपने हिस्सों में बँटना न पड़े,
किसी पक्ष को चुनना न पड़े,
और दो लोग
बस हाथ थामे
जीवन को सीख रहे हों।
शायद वह संसार
अब भी कहीं दूर है।
फिर भी
हम विश्वास करते हैं–
उनके प्रेम में
जिन्हें बस प्रेम में रहना पसंद है।

18. जगमगाता एफिल टॉवर

"एफिल टॉवर प्रेम, स्वतंत्रता और सौंदर्य का प्रतीक है।" – ऑड्री हेपबर्न

लोग कहते हैं,
प्रेम फीका पड़ जाता है।
"'सदा के लिए साथ"–केवल शब्द हैं।
जिसे हम उधार लेते हैं
और बहुत जल्दी लौटा देते हैं।
फिर भी,
वह खड़ा है।

पेरिस में - एफिल टॉवर।
दिन में शांत,
पर आधी रात होते ही
जगमगाने लगता है,
मानो उसे याद आ गया हो
हर वह प्रेम
जिसका वह साक्षी रहा है।
प्रेमी आते हैं–
काँपते हाथों के साथ,
धीमे वादों के साथ,
हमेशा के सपनों के साथ।
कुछ साथ रहते हैं।
कुछ बिछड़ जाते हैं।
पर टॉवर कभी प्रश्न नहीं करता।
उसने प्रेम को खिलते देखा है,
टूटते देखा है,
और फिर उसी स्थान पर
दोबारा खिलते भी देखा है।
जब उसकी रोशनियाँ
मध्यरात्रि के आकाश में
थरथराती हैं,
तो लगता है,
जैसे वह स्मरण करा रहा हो-
कि प्रेम,
चाहे टिके या न टिके,
फिर भी अमूल्य है।
कि कोमल होना
कमज़ोरी नहीं।

कि गहराई से प्रेम करना
अपने आप में साहस है।
इसलिए वह खड़ा है,
अजनबियों के लिए,
सपने देखने वालों के लिए,
उन सबके लिए
जो अब भी विश्वास करना चाहते हैं।
और अपनी शांत रोशनी में
धीरे से कहता है–
प्रेम करो,
एक बार फिर प्रेम करो।

19. चलो रंगभेद से परे

"मेरा एक स्वप्न है कि मेरे चारों बच्चे एक ऐसे देश में जिएँगे जहाँ उनका मूल्य उनकी त्वचा के रंग से नहीं, बल्कि उनके चरित्र से आँका जाएगा।" – मार्टिन लूथर किंग जूनियर

वे सभी बहुत खुश और उत्साहित थे।
उससे पहले कि वह समझ पाती क्यों।
दवाइयों की गंध
और आशीर्वादों से भरे उस कमरे में,
किसी ने कहा–
"बर्फ-सी उजली है।"
और अचानक
हवा का रंग बदल गया।
नन्ही बच्ची उसकी बहन थी–
इतनी सुंदर
कि शब्द भी उसका वर्णन करने में छोटे पड़ जाएँ।
सचमुच,
बर्फ-सी उजली।
वह चार वर्ष की थी।
उसी क्षण उसके भीतर
एक अनकहा बोध जन्मा–
कि रंग तय कर सकता है
किसे देखा जाएगा,
और किसकी प्रशंसा होगी?
घर प्रेम से भरा था,
लेकिन प्रेम के बीच भी
कुछ वाक्य ऐसे थे

जो चुपचाप अलग कर देते थे।
वे आरोप नहीं थे,
बस साधारण टिप्पणियाँ थीं।
"थोड़ी साँवली है।"
"बहनों जैसी नहीं।"
"रंग दबा है।"
पर बचपन
साधारण बातों को भी
असाधारण गंभीरता से सुनता है।
फैंसी ड्रेस प्रतियोगिता का वह दिन -
स्कूल के मंच पर
वह राजकुमारी के लिबास
और गहनों से सजी हुई थी।
संवाद याद थे।
हौसले व उत्साह की कोई कमी नहीं,
चेहरे पर बड़ी सी मुस्कान ।
पर निर्णय
उसके हिस्से में नहीं आया।
"इतनी सांवली राजकुमारी? ", और एक व्यंग्य भरी मुस्कान।
उस शाम
उसने साबुन और पाउडर से
अपना चेहरा थोड़ा और रगड़ा।
मानो गलती त्वचा की हो।
पर त्वचा याद रखती है।
और बच्चे भी।
वह बड़ी हुई।
थोरी बिखरी सी,
पर टूटी हुई नहीं।
उसने अपने लिए

एक दूसरी पहचान गढ़ी–
ज्ञान की,
परिश्रम की,
आत्मसम्मान की।
फिर एक दिन
उसकी बेटी जन्मी।
और प्रसव कक्ष में उठा
पहला सवाल
"क्या वह गोरी है?"
उसी क्षण
सब कुछ लौट आया।
वह हँसी,
वह व्यंग्य,
वे टिप्पणियाँ,
और वह क्रूरता
चिंता के बादल उसपर समा गए
उसने अपनी बच्ची को
थोड़ा और कसकर थाम लिया।
मानो उसे बचा लेना चाहती हो
उस दुनिया से
जो अब भी गलत तराज़ू लेकर खड़ी है।
क्योंकि सौन्दर्य
कोई रंग नहीं होता।
प्रेम-
गोरेपन की शर्त नहीं रखता।
करुणा-
किसी एक रंग की नहीं होती।
और मनुष्यता-
त्वचा से विभाजित नहीं की जा सकती।

उसने आँखें मूँद लीं।
और पहली बार
विरासत में मिले
इस रंगभेद के सिलसिले को
यहीं समाप्त करने का निर्णय लिया।
वह अपनी बेटी को
ऐसी दुनिया देना चाहती थी
जहाँ मूल्य कभी रंग से न आँका जाए,
जहाँ आईने चोट न पहुँचाएँ,
जहाँ कोई बच्ची
सपने देखने से पहले
खुद को छोटा करना न सीखे।
एक ऐसी विरासत–
जहाँ किसी की तुलना
उजले या साँवले से न हो,
जहाँ हर बच्चा
बस जाना जाए,
स्वीकार किया जाए,
और प्रेमपूर्वक सराहा जाए।

20. मोटी माँ

"माँ कोई मशीन नहीं होती जिसे प्रसव के बाद फिर से कारख़ाने की स्थिति में लौटा दिया जाए।"

बच्चे के जन्म के बाद
लोगों ने सबसे पहले
उसका चेहरा नहीं,
वज़न देखा।
बधाइयाँ आईं,
उपहार आये, मिठाइयाँ भी आयीं,
और उनके पीछे-पीछे
अनगिनत सलाहें भी।
"अब तो ध्यान देना पड़ेगा।"
"जल्दी वज़न कम कर लो।"
"बाद में मुश्किल हो जाता है।"
"यह बहुत ज़्यादा खाना है, कम खाओ।"
मानो प्रसव नहीं,
कोई प्रतियोगिता हुई हो।
और मैं
पुरस्कार पाने से चूक गई हूँ।
मेरे कपड़े भी
लगता है , थोड़े नाराज़ थे।
कुछ बटन
संवाद बंद कर चुके थे,
और कुछ सीवनें
अपना विरोध दर्ज करा रही थीं।
चारों ओर

प्रेरणादायक कहानियाँ थीं।
"उसने तो 2 महीने में सब कम कर लिया।"
"उसे देखकर लगता ही नहीं
कि वह माँ बनी है।"
"उसे देखो, वह दो बच्चों की माँ नहीं लगती।
कितनी स्लिम और फिट है।"
और मैं सोचती–
क्या सचमुच
माँ बनने का प्रमाण-पत्र
गायब हो जाना चाहिए?
बस ऐसे ही? झटपट?
कुछ समय तक
मैंने भी आईनों से
अनावश्यक बहस की।
हर तस्वीर में
अपने पुराने संस्करण को खोजा।
मानो वही
अंतिम और सर्वोत्तम प्रकार था।
फिर एक दिन
मुझे याद आया–
इस शरीर ने
पिछले नौ महीनों में
जो किया है,
वह किसी तराज़ू पर नहीं मापा जा सकता।
इसने एक जीवन को
अपने भीतर जगह दी।
अनगिनत रातें
जागकर काटीं।
और बिना किसी घोषणा के

हर दिन
थोड़ा-थोड़ा देती रही।
अब मेरा एक बच्चा है
जिसे मेरे पेट की परिधि से
कोई मतलब नहीं।
उसे बस यह जानना है–
मैं पास हूँ या नहीं।
मेरी बाँहें
अब भी सुरक्षित हैं या नहीं।
इसलिए
सीवनों को थोड़ा समय लेने दो।
और मेरे रेशमी वस्त्रों को
मुझे फिर से पहचानने दो।
मैं पहले जैसी बनने की जल्दी में नहीं हूँ।
आख़िर
मैंने केवल वज़न नहीं बढ़ाया है–
मैंने एक मनुष्य बनाया है।
मेरा ये नया रूप
मेरे नये जीवन का
मेरे नये ओहदे का प्रतीक है ।
और यह उपलब्धि
किसी भी माप से
अत्यधिक बड़ी है।
सबसे बड़ी । बहुत बड़ी ।

21. मेरा नन्हा ब्रह्मांड

"बेटियाँ इंद्रधनुष की तरह होती हैं– वे केवल रंग नहीं लातीं, वे आकाश का अर्थ बदल देती हैं।"

वह धूप की तरह आई–
उज्ज्वल,
निश्चिंत,
और अपने साथ
हँसी की एक पूरी ऋतु लेकर।
उसने घर के हर कोने को
उष्मा,
विस्मय,

और छोटी-छोटी खुशियों से भर दिया।
एक बेटी–
प्रभात की पहली किरण जितनी कोमल,
जड़ों जितनी दृढ़,
जो बिना शोर किए
धरती में अपना घर बना लेती हैं।
उसके नन्हे हाथों में
जाने कैसा जादू है–
वह साधारण दिनों को भी
उत्सव बना देती है।
वह जहाँ भी जाती है,
खुशियाँ उसके पीछे-पीछे चल पड़ती हैं।
उसकी हँसी
मानो रंग-बिरंगी तितलियों का झुंड हो,
जो हवा में उड़ता हुआ
हर चेहरे पर मुस्कान छोड़ जाए।
वह मेरी इंद्रधनुष है–
जीवन से भरी,
रंगों से सजी,
हर बादल के बाद
आकाश पर उभरती हुई उम्मीद।
वह गाती है
मानो पूरा आकाश सुन रहा हो।
वह चित्र बनाती है
मानो रंगों ने
अपना घर उसकी उँगलियों में बनाया हो।
वह बातें करती है–
बहुत सारी बातें।
कहानियाँ,

प्रश्न,
कल्पनाएँ,
और न जाने क्या-क्या।
उसके शब्द
धूप की किरणों की तरह
घर भर में फैल जाते हैं,
और मौन को भी
मुस्कुराना सिखा देते हैं।
उसके साथ
सबसे साधारण पल भी
अचानक चमक उठते हैं–
एक सैर,
एक गीत,
एक कप चाय,
या संध्या का आकाश।
वह प्रसन्नता है
अपने सबसे निर्मल रूप में।
भोली,
सुन्दर,
बुद्धिमान,
स्वतंत्र,
सृजनशील–
और हर उस हृदय की मित्र,
जिससे उसका परिचय होता है।
और मेरे लिए–
वह सब कुछ है।
मेरी बेटी,
मेरा प्रकाश,
मेरा नन्हा ब्रह्मांड।

मेरे हृदय का सबसे कोमल हिस्सा,
मेरे दिनों का सबसे उजला रंग।
मेरी सदा मुस्कुराती हुई
खुशियों की गठरी।

22. सपनों की उड़ान

"हर बच्चा एक कलाकार होता है। असली कला यह है कि बड़े होने के बाद भी अपने भीतर के कलाकार को जीवित रखा जाए।"
– पाब्लो पिकासो

तुम बनी ही नहीं थीं
किसी साँचे में ढलने के लिए,
तुम तो आई थीं
हर रंग को
एक नया अर्थ देने के लिए।
जहाँ सबने दुनिया
वैसी ही देखी,
तुमने ठहरकर पूछा–
"अगर इसे और सुंदर बनाया जाए?"
यहीं से जन्म लेता है
हर सृजन,
यहीं से चल पड़ता है
हर कलाकार का मन।
रेखाएँ तुम्हारी उँगलियों में हैं,
रंग तुम्हारी नज़रों में।
अधूरे कागज़ भी
तुम्हारे सपनों से भर जाते हैं।
तुम जल-सी बहती हो,
पंखों-सी उड़ती हो।
हर साधारण पल में
एक नई दुनिया गढ़ती हो।
तुम केवल चित्र नहीं बनाती,
तुम संभावनाएँ रचती हो।
तुम केवल आकार नहीं देती,
तुम विचारों को जीवन देती हो।
धीरे-धीरे
वह छोटी-सी बच्ची,
जो कभी कागज़ों पर
रंग बिखेरा करती थी,

आज
अपने सपनों की दुनिया
स्वयं डिज़ाइन कर रही है।
शायद ईश्वर ने भी
रंगों को रचने से पहले
तुम्हें ही देखा होगा।

23. उड़ने दो हमें (नियम और शर्तें लागू)

"आज़ादी सबसे सुंदर अधिकार है, पर उसका सबसे सच्चा साथी ज़िम्मेदारी है।"

"हमें आज़ादी चाहिए!"
वे पूरे जोश से कहते हैं।
न कोई रोक, न कोई टोक,

बस अपने मन से रहते हैं।
रातें अपनी, दिन भी अपने,
मोबाइल संग अनगिन सपने।
"बस पाँच मिनट..." कहते-कहते,
घंटों यूँ ही बीतते रहते।
जेबख़र्च हर हफ़्ते मिल जाए,
समय पर खाते में आ जाए।
आज़ादी पूरी अपनी हो,
ख़र्च मगर घर ही उठाए।
घूमना-फिरना, दूर सफ़र,
दोस्तों संग हर इक पहर।
बजट का नाम जो कोई ले,
चेहरे बदलें पल भर में।
"अब तो हम बड़े हो गए!"
यह बात बड़े गर्व से कहते।
पर ज़रा-सी मुश्किल आते ही,
माँ को दस-दस फ़ोन भी करते।
करियर अपनी मर्ज़ी का होगा,
रास्ता चाहे लंबा होगा।
पर किराया, बिजली, राशन का बिल–
"अभी तो उसका समय न होगा!"
मन की करना, दुनिया देखना,
नई दिशाओं में बढ़ते रहना।
हर अनुभव को जी भर जीना,
बिना बंधन के बस मुस्काना।
"ज़िम्मेदारी बाद में आए,"
कहकर वे मुस्काते हैं।
जैसे जीवन के हर निर्णय
बिना परिणाम के आते हैं।

पर जीवन धीरे से हँसता है,
और कानों में यह कहता है–
आज़ादी कभी अकेली नहीं आती,
ज़िम्मेदारी संग-संग मुस्काती।
एक जहाँ पंखों को उड़ना सिखाती,
दूजी धरती से नाता निभाती।
दोनों एक ही बीज से उगते,
दोनों मिल जीवन को गढ़ते।
एक को चुन, दूजी को छोड़ो,
सपने आधे ही रह पड़ते।
उड़ना है तो पंख फैलाओ,
अपना नीला गगन बनाओ।
पर लौटकर अपनी धरती से,
हर रिश्ता भी साथ निभाओ।
जीवन का बस यही सार–
आज़ादी का भी है आधार।
आज़ादी और ज़िम्मेदारी,
चलती हैं संग जीवन-भर सारी।
एक मिले तो दूजी भी आती,
तभी सफलता मुस्कुराती।

24. काल्पनिक प्रेम

"दिल अक्सर बेवफ़ाई से नहीं टूटते,
वे अपनी ही कल्पनाओं के बोझ तले बिखर जाते हैं।"

क्या सचमुच वह मुझसे प्यार करता है?
न जाने कितनी बार
मैंने अपने ही मन से पूछा–
"क्या वह मुझसे प्यार करता है?"
और हर बार,
मन ने बिना किसी सबूत के
मुस्कुराकर कहा–
"हाँ..."
क्योंकि
विश्वास करना
संदेह करने से कहीं आसान था।
फिर मैंने
उसके हर शब्द में अर्थ खोजे,
हर चुप्पी का अनुवाद किया,
हर अधूरे वादे को
भविष्य का वादा मान लिया।
धीरे-धीरे...
मैंने उसे नहीं,
अपने मन में बसे
एक काल्पनिक पुरुष को प्रेम करना शुरू कर दिया।
वह,
जो बिना कहे सब समझ लेता।
जो कभी भूलता नहीं।

जो हर दर्द पहचान लेता।
जो हर बार
मेरे मन के अनुसार ही व्यवहार करता।
एक ऐसा राजकुमार,
जो कहानियों में तो था,
पर जीवन में कभी था ही नहीं।
और फिर...
जब सामने खड़ा इंसान
उस कल्पना जैसा नहीं निकला,
मैंने सोचा–
शायद उसका प्यार कम है।
आज समझती हूँ...
प्यार कम नहीं था,
बस मेरी कल्पनाएँ
बहुत बड़ी थीं।
हम अक्सर
दूसरों को वैसे नहीं देखते
जैसे वे होते हैं।
हम उन्हें
वैसा बना लेते हैं,
जैसे हम चाहते हैं कि वे हों।
और फिर
हर दिन,
उन्हीं से
अपनी कल्पनाओं का इम्तिहान लेते रहते हैं।
कितना अजीब है...
हम किसी इंसान से नहीं,
अपने ही बनाए किरदार से
उम्मीदें बाँध लेते हैं।

और जब वह किरदार टूटता है,
तो इल्ज़ाम
रिश्ते पर लगा देते हैं।
अब लगता है...
प्यार शायद
किसी शहज़ादे की तलाश नहीं।
न कोई रानी होती है,
न चमकते कवच वाला योद्धा।
बस दो साधारण इंसान होते हैं–
जो कभी सही होते हैं,
कभी ग़लत।
कभी थक जाते हैं,
कभी चिढ़ जाते हैं।
कभी चुप रह जाते हैं,
और कभी बिना वजह मुस्कुरा देते हैं।
शायद सच्चा प्यार
किसी को आदर्श मान लेने में नहीं,
उसे वास्तविक रूप में स्वीकार लेने में है।
जिस दिन
हम अपने प्रेम से
कल्पनाओं का बोझ उतार देंगे,
शायद उसी दिन
दिल कम टूटेंगे...
और रिश्ते
थोड़ा ज़्यादा जिएँगे।

25. साधारण हूँ मैं

"जिस दिन उम्मीद ने डर से हाथ छुड़ा लिया,
उसी दिन जीवन ने मुस्कुराना सीख लिया।"

साधारण हूँ मैं...
साधारण हूँ मैं।
अपनी सखियों की ही तरह।
एक छोटा-सा, स्नेहिल-सा
घर-संसार बसाना चाहती थी।
कहाँ जानती थी
कि जीवन इतना सरल नहीं होता।
बचपन में जो खेला था–
वह "घर-घर" का खेल,
असल ज़िंदगी नहीं था।
मुझमें कहाँ थी इतनी समझ
कि छल और कपट से भरी इस दुनिया में
रिश्तों को सहेजना,
गृहस्थी को निभाना–
किसी साम्राज्य को संभालने से कम नहीं।
क्यों नहीं होती इसकी भी कोई पढ़ाई?
कोई पाठशाला,
कोई डिग्री,
जो सिखा सके
रिश्तों का विज्ञान,
विश्वास की भाषा,
और टूटकर भी मुस्कुराने की कला।

फिर भी...
न जाने क्यों,
मेरे सपने आज भी ज़िंदा हैं।
बहुत कुछ
अश्कों के साथ बह गया,
पर शायद
आँसुओं के उस अथाह समंदर से गुज़रना ही था,
ताकि जीवन की गहराइयों को समझ सकूँ।
यह जानना ज़रूरी था
कि सब कुछ खोकर भी,
ध्वस्त होकर भी,
गिरकर भी–
फिर से उठना
संभव होता है।
यह देखना भी ज़रूरी था
कि सबसे काले बादल भी
एक दिन छँट जाते हैं।
फिर कहीं से
कुछ लोग चले आते हैं–
एक मुस्कान लेकर,
एक अपनापन लेकर,
कुछ अनकहे सहारे लेकर।
वे हमारे जीवन में
थोड़ी-सी रोशनी छोड़ जाते हैं,
और हमें
कुछ कदम और आगे बढ़ा जाते हैं।
तब समझ आता है–
जीवन की कोई अंतिम मंज़िल नहीं होती।

हर दिन को
पूरे मन से जी लेना ही
सबसे बड़ी मंज़िल है।
और भीतर कहीं
एक धीमी-सी आवाज़ अब भी कहती है–
"पिक्चर अभी बाकी है, मेरे दोस्त..."
क्योंकि
राह ही मंज़िल है, मेरे दोस्त।

26. फीके पड़ते वचन

"प्रेम केवल एक भावना नहीं, वह प्रतिदिन किया जाने वाला एक निर्णय है।"

वह आया था पहली किरण बनकर,
मन के आँगन का मधुर स्पंदन बनकर।
हाथों में गुलाब, आँखों में उजियारा,
लगता था , मिल गया जीवन का किनारा।
उसकी हर बात में मधुराई थी,
हर मुस्कान में एक गहराई थी।
कहता था–"साथ रहेगा बनकर हमसफ़र"
और सच लगता था उसका हर स्वर।
फिर सावन आया, सपने खिले,
सात फेरे, सात वचन साथ मिले।
अँगुली की अंगूठी ही नहीं,
मन को भी एक ठिकाना मिला कहीं।
हमने सोचा प्रेम अमर होगा,
हर मौसम में वो संग होगा।
क्षितिज तक साथ चलेंगे यूँ ही,
दूरी होगी बस कहानियों में कहीं।
फिर पतझड़ ने दस्तक दी चुपके,
बातें सिमट गईं छोटे-छोटे रूप में।
फ़ोन औपचारिक हो गए,
उपहार केवल अवसर हो गए।
उसके स्नेह के पत्ते झड़ते गए,
दिन-ब-दिन रिश्ते बिखरते गए।
मैं हर पत्ता समेटती रही,

यादों की किताब में रखती रही।
सर्दियाँ बिना आहट उतर आईं,
चुप्पियाँ ही चुप्पियाँ संग लाईं।
न संदेशों में वह ऊष्मा रही,
न प्रतीक्षा में कोई चाह रही।
आज भी उसी ठंड में खड़ी हूँ मैं,
पहली किरण की याद लिए पड़ी हूँ मैं।
मन में बस एक प्रश्न पलता है–
क्या प्रेम यूँ ही बदलता है?
क्या मैं बस एक ऋतु थी,
जिसे बीत जाना ही नियति थी?
या वह आँगन थी मैं कभी,
जिसकी राह उसे याद न रही?
अब क्या कहलाऊँ मैं?
पत्नी, स्मृति या परछाईं हूँ मैं?
या अधूरी-सी एक कहानी हूँ,
उसकी खोई हुई रवानी हूँ?
शायद उत्तर कल मिल जाए,
या समय ही सब समझाए।
प्रेम अगर सच हो ज़रा भी,
तो उसकी दुर्गत ना हो कभी ।

27. गायब होती स्याही

"कुछ कहानियाँ समाप्त नहीं होतीं, वे बस पढ़ी जानी बंद हो जाती हैं।"

शादी के दिन सब आते हैं,
सज-धजकर मुस्काते हैं।
चमकते वस्त्र, सुनहरे बोल,
चेहरों पर अपनापन घोल।
हर रस्म में आगे रहते,
हर तस्वीर में साथ दिखते।
सलाहों की पोटली लाते,
आशीषों के दीप जलाते।
मिठाइयों संग बातें परोसते,
हँसी में कितने फ़ैसले घोलते।
लौटते वक़्त किस्से ले जाते–
क्या अच्छा था, क्या बुरा बताते।
फिर एक दिन मौसम बदला,
रिश्तों का आकाश धुँधला।
मुस्कानों की लौ धीमी हुई,
बातों की डोरी ढीली हुई।
वादे ढीले पड़ने लगे,
फ़ोन भी कम बजने लगे।
जो हर पल अपने लगते थे,
धीरे-धीरे ओझल होने लगे।
अदालत की उस ठंडी सुबह,
न शहनाई, न फूलों की महक।
बस दो दस्तख़त, कुछ चुप्पियाँ,

और बिखर गईं खुशियाँ।
पर हैरानी उस बात की थी–
जो शादी में सबसे आगे थे,
दुःख की उस अंतिम चौखट पर
सबसे पहले वही ग़ायब थे।
जैसे बरसात में लिखी स्याही
धीरे-धीरे धुल जाती है,
वैसे ही कुछ रिश्तेदारियाँ
सुख के मौसम तक रहती हैं।
बाक़ी सब उत्सव के साथी,
शहनाई तक थी उनकी यारी।
रिश्तों पर जब घनघोर घटा छाई,
धुल गई नातों की स्याही।

28. दर्द की हद

"हर आँसू कमज़ोरी की निशानी नहीं होता;
कुछ आँसू आत्मा को नया आकार देते हैं।"

दर्द जब हद से गुज़र जाए,
तो दवा बन जाता है।
मगर लगता है,
उस हद तक पहुँचने का
इंतज़ार अभी बाकी है।
राहों में चलते-चलते
जब पाँवों में छाले पड़े,
हमने उन्हें छिपाने को
मेहंदी रचा ली–
लोगों ने समझा,
ये भी कोई उत्सव होगा।
दर्द जब हद से गुज़र जाए,
तो दवा बन जाता है।
मगर उस मोड़ तक पहुँचने का
सफ़र अभी बाकी है।
कभी भूल से
आँखें नम हो गईं,
तो आसमान से कह दिया–
ज़रा बरस जाना।
लोगों ने बारिश देखी,
हमारे आँसू नहीं।
दर्द जब हद से गुज़र जाए,
तो दवा बन जाता है।

शायद वही मौसम
अभी बाकी है।
ज़ख्म इतने मिले
कि मरहम भी थक गए।
अब तो दर्द ही
मेरा हमसफ़र बन बैठा है।
और अब हाल ये है कि–
आग से आग
भला कब बुझती है?
सोचा इस बार
फायर ब्रिगेड ही बुला लेते हैं!
शायद
हँसी भी कभी-कभी
सबसे असरदार दवा होती है।
दर्द जब हद से गुज़र जाए,
तो दवा बन जाता है।
और शायद...
मैं उसी दवा में
धीरे-धीरे बदल रही हूँ।

29. प्रेम ऋतु के बाद

"विपरीत परिस्थितियों में खिलने वाला फूल सबसे दुर्लभ और सबसे सुंदर होता है।"

वह आया
वसंत की तरह।
अप्रत्याशित,
सूक्ष्म स्वरों के साथ,
प्रेम भरी मुस्कान लिए,
और मेरे दिनों में
एक नया रंग भर गया।
फूल थे,
धीमी हँसी थी,
चुनिंदा स्त्री होने का गौरव,
एक शांत-सा विस्मय।
फिर आया ग्रीष्म।
उष्ण,
निश्चिंत,
जहाँ दो जीवन
एक सहज लय में बहते रहे।
हमने उसे प्रेम कहा।
और वह प्रेम ही था–
जितना सच्चा और गहरा
प्रेम हो सकता है।
फिर,
जैसे ऋतुएँ बदलती हैं,
कुछ बदल गया।

न कोई आँधी,
न कोई टूटन।
बस एक धीमा-सा मोड़,
जैसे पत्ते
हवा के साथ चलना सीख लेते हैं।
और उसी परिवर्तन के भीतर
मैंने स्वयं को फिर से पाया।
खोई हुई नहीं,
बस प्रतीक्षा करती हुई।
क्योंकि मैं भी
ऋतुओं से बनी हूँ।
आरम्भों से,
समाप्तियों से,
और उस शांत रूपांतरण से
जो कभी रुकता नहीं।
वसंत
वह अपने साथ नहीं लाया था।
वह तो
सदा से मेरे भीतर था।
इसलिए मैं फिर खिली।
पहले जैसी नहीं,
बल्कि अधिक सशक्त,
अधिक कोमल,
और पूरी तरह
अपनी।

30. तूफ़ान मेल– मेरे प्यारे कुरो के नाम

"कुछ साथी बोलते नहीं, फिर भी जीवन की सबसे गहरी बातचीत उन्हीं से होती है।"

तुम चुपचाप नहीं आए।
तुम तो जैसे
शरारतों का एक छोटा-सा तूफ़ान बनकर आए,
"तूफ़ान मेल" !!!

टूटे जूतों की कहानी लिए,
कमरों में उछलते-कूदते,
उस घर में फिर से
हँसी बिखेरते हुए,
जो हँसना जैसे भूल चुका था।
और न जाने कैसे,
जब मेरी दुनिया बिखर रही थी,
तुम हमेशा मेरे पास रहे।
मानो तुम्हें पहले से पता था
कि उदासी
मेरे भीतर कहाँ रहती है।
तुम मेरे पीछे-पीछे चलते रहे–
एक कमरे से दूसरे कमरे तक,
एक ख़ामोशी से दूसरी ख़ामोशी तक।
तुमने कभी कुछ नहीं माँगा,
सिवाय इसके
कि तुम्हें मेरे पास रहने दिया जाए।
जब जीवन बहुत भारी हो जाता,
तुम चुपचाप
अपना सिर मेरी गोद में रख देते।
जैसे कह रहे हो–
"तुम अकेली नहीं हो।"
और फिर,
बिना शब्दों के,
बिना किसी प्रयास के,
तुम मुझे धीरे-धीरे
जीवन की ओर वापस ले आए।
साल यूँ ही बीतते गए।
बरसातें आईं,

सर्दियाँ गुज़रती रहीं,
मगर तुम्हारा स्नेह
हर साँस की तरह
वैसा ही बना रहा।
अब तुम्हारे कदम
कुछ धीमे हो गए हैं।
तुम्हारी आँखें भी
पहले जैसी नहीं रहीं।
अब तुम मुझे
देखकर कम,
पहचानकर ज़्यादा ढूँढ़ते हो।
फिर भी–
हर बार
मुझे ढूँढ़ ही लेते हो।
और मैं सोचती हूँ–
इतने-से शरीर में
इतना बड़ा प्रेम
आख़िर समाता कैसे है?
कैसे ये नन्हे-से पंजे
मेरे टूटे हुए मन को
इतनी सहजता से
संभाले रहे?
तुम कभी
सिर्फ़ मेरे पालतू नहीं थे।
तुम मेरा परिवार बने,
मेरा सहारा,
मेरे अँधेरे दिनों में
लौटती हुई रोशनी बने।
और जिस दिन

इस घर में
तुम्हारे कदमों की आहट नहीं होगी,
मैं जानती हूँ,
तुम फिर भी यहीं रहोगे–
मेरे जीवन के
हर उस कोने में
जिसे तुमने
अपने प्रेम से भर दिया।
मेरी हर साँस में,
जिसमें तुमने
मुझे प्रेम करना,
और प्रेम सँजोकर रखना
सिखाया है।

31. अति सिंचन

"अपने प्रति वही देखभाल और ध्यान रखो जो तुम दूसरों को देती हो।" – ब्रेने ब्राउन

कुछ स्त्रियों को
यह विश्वास देकर बड़ा किया जाता है कि
प्रेम का सही रूप
निरंतर वर्षा है।
बिना रुके,
बिना मापे,
बिना यह सोचे
कि कब पर्याप्त हो चुका है।
प्रेम की वर्षा करते चलो
देते रहो,
जब तक देना ही
तुम्हारी पहचान न बन जाए।
वह भी ऐसी ही थी।
उसका स्नेह
हर ओर पहुँच जाता था।
कोई आवश्यकता प्रतीक्षा में न रहे,
कोई कोना सूना न रहे–
बस यही उसका स्वभाव था।
उसके हाथ
माँगने से पहले ही
सहायता पहुँचा देते।
उसका प्रेम
हमेशा एक कदम आगे चलता।

वह हर जड़ को सींचती,
बार-बार,
सिर्फ़ इस भय से
कि कहीं कमी रह गई
तो कुछ सूख न जाए।
उसे लगता था
प्रेम को बहते रहना चाहिए,
वरना वह कम पड़ जाएगा।
पर जड़ों को
पानी के साथ-साथ
हवा भी चाहिए।
उन्हें थोड़ी जगह चाहिए,
थोड़ी धूप,
थोड़ी ठोकरें भी।
ताकि वे स्वयं
धरती में उतरना सीख सकें।
उसकी निरंतर देखभाल में
वे प्रयास करना भूल गए।
उसकी सतत उपस्थिति में
वे उसे देखना भूल गए।
उसका परिश्रम
सामान्य बात बन गया।
उसका समर्पण
अपेक्षा बन गया।
और उसका प्रेम–
एक ऐसी चीज़,
जिसका नाम लेना भी
अब किसी को आवश्यक नहीं लगता था।
फिर यदि किसी दिन

वह थक जाती,
या कोई बात छूट जाती,
तो भौंहें उठ जातीं।
पर किसी ने यह नहीं पूछा–
"तुम ठीक हो?"
"तुम्हें भी किसी सहारे की ज़रूरत है क्या?"
यही है
अधिक प्रेम करने की
सबसे शांत कीमत।
तुम जो देते हो,
उसी में विलीन होने लगते हो।
तुम्हारे त्याग अक्सर किसी को नज़र नहीं आते।
आखिरकार...परिवार रूपी बाग़ तो बढ़ा,
पर वैसा नहीं
जैसा उसने सोचा था।
पत्ते हरे थे,
पर जड़ें उथली।

और एक दिन
उन्हें उसकी उतनी आवश्यकता नहीं रही।
वे अपने-अपने जीवन में आगे बढ़ गए,
उन रास्तों पर
जो उसने उनके लिए बनाए थे।
उसका प्रेम
उनके साथ रहा,
पर किसी साधारण चीज़ की तरह–
मानो वह हमेशा से वहीं था।
और वह

पीछे छूट गई उस शांति में,
हाथ अब भी भरे हुए,
हृदय अब भी उमड़ता हुआ,
पर देने को
कोई पात्र शेष नहीं।
उसके चारों ओर की मिट्टी
इतनी भीग चुकी थी
कि कुछ नया उग ही नहीं सकता था।
अति सिंचन
सिर्फ़ पौधों को नहीं मारता।
वह संतुलन को भी मारता है।
सम्मान को भी।
और उस पहचान को भी,
जिसकी प्रेम को आवश्यकता होती है।
प्रेम का उद्देश्य
डुबो देना नहीं होता।
उसका काम है
पोषित करना,
और फिर
मुक्त कर देना।

कुछ मिट्टी को सूखा रहने दो।
कुछ जड़ों को
अपना रास्ता खोजने दो।
जिन्हें तुम प्रेम करते हो,
उन्हें भी सीखने दो
कि लौटाना कैसे है।
और थोड़ा जल

अपने लिए बचाकर रखो।
क्योंकि जो स्त्री
अपने हिस्से का थोड़ा स्नेह
स्वयं के लिए बचा लेती है,
वह कम प्रेम नहीं करती।
वह केवल
अपने अस्तित्व की रक्षा करती है–
ताकि एक दिन
वह प्रेम करते-करते
खुद ही ओझल न हो जाए।

32. खाली होता आँगन

"माँ की बाँहें एक दिन खाली हो सकती हैं, पर उसका हृदय कभी रिक्त नहीं होता।"

उसने जीवन का सबसे सच्चा सुख
एक नन्हे-से स्पर्श में पाया था।
सीने से लगी
उस छोटी-सी धड़कन में,
मानो उसकी अपनी धड़कन
उस बच्ची के दिल में धड़क रही हो ।
पहला क़दम,

पहला शब्द,
बिन सोई अनगिन रातें–
न जाने कब
वह ममतामयी थकान थकान
जीने का कारण बन गईं।
छोटे-छोटे हाथों ने
उसकी दुनिया का दायरा बढ़ा दिया ।
एक हँसी,
एक आँसू,
एक पुकार–
और उन्हीं से
उसका हर दिन संवरने लगा।
वह एक घर ही बन गई–
ईंटों का नहीं,
अपनेपन का ।
एक ऐसा ठिकाना,
जहाँ लौट आने भर से
मन को सुकून मिल जाता था।
फिर एक दिन,
बिना बताए,
समय ने
धीरे-धीरे
अपनी गिरहें खोलनी शुरू कर दीं।
वे नन्हे हाथ
उसकी उँगलियों से छूट गए।
क़दम
दूर की राहों पर बढ़ चले।
सपनों ने
उसके बिना चलना सीख लिया।

वह उन्हें
ऊँचा उड़ते देखती रही।
मन गर्व से भरता गया,
और बाँहें
धीरे-धीरे खाली होती गईं।
घर वही था,
दीवारें वही थीं,
बस ख़ामोशी बदल गई थी।
फिर भी
उस ख़ामोशी में
कुछ अब भी जीवित था–
एक ऐसा प्रेम,
जो कभी कम नहीं हुआ।
जिसने बस
थामे रखने के बजाय,
मुक्त करना सीख लिया।
क्योंकि
माँ का सुख
बच्चों को बाँध लेने में नहीं,
उन्हें सँवारने में है।
उन्हें उड़ना सिखाने में है।
और अंततः
अपने ही हृदय का एक अंश
आकाश बनते हुए
मुस्कुराकर देख लेने में है।

33. स्थायी पता

"एक स्त्री के पास अपना धन और अपना कमरा होना चाहिए।" – वर्जीनिया वूल्फ़

उसका जन्म एक ऐसे घर में हुआ
जहाँ उसका नाम लिखा तो गया,
पर हल्के हाथों से–
मानो बरसात से पहले
चॉक से लिखी कोई इबारत।
सब कहते थे,
"यह तुम्हारा घर है।"
पर हर वाक्य के पीछे
एक अनकही शर्त थी–
एक दिन तुम्हें जाना है।
भाई उस घर में
जड़ों की तरह पनपते रहे।
उसे ऐसे पाला गया
जैसे वह बस कुछ समय की मेहमान हो।
जिस कमरे में उसका बचपन बीता,
विवाह के बाद
धीरे-धीरे उससे उसका नाम तक मिटा दिया गया।
पहले किताबें गईं,
फिर उसकी खुशबू,
फिर उसके गीत।
और एक दिन
वह कमरा भी
उसे भूल गया।

फिर वह एक नए घर में पहुँची,
जहाँ हर दीवार
उसे याद दिलाती थी
कि वह कहीं और से आई है।
"ऐसे बोलो।"
"ऐसे बैठो।"
"यह सीखो।"
"समझौता करो।"
"अपना बनो–
पर संभलकर।"
वहीं उसने बच्चों को जन्म दिया।
वहीं उसने
त्योहारों को जोड़ा,
रिश्तों को सहेजा,
और आँधियों के बीच
परिवार की साँसें चलाए रखीं।
फिर भी
किसी छोटे-से विरोध पर
एक वाक्य तैयार रहता–
"अपने मायके चली जाओ।"
मानो उसके पास
अब भी कोई मायका बचा हो।
और जब माता-पिता भी नहीं रहे,
तो कागज़ सामने रख दिए गए।
हस्ताक्षर करो।
अपने हिस्से की मिट्टी भी छोड़ दो।
यदि उसने नौकरी की,
कमाया,
बचत की,

और धीरे-धीरे
अपने नाम से एक घर खरीद लिया,
तो प्रश्न उसके पीछे-पीछे चलने लगे।
"इतने पैसे कहाँ से आए?"
"ज़रूरत क्या थी?"
"किसने मदद की?"
और कुछ फुसफुसाहटें–
"ज़रूर कहीं से पैसे निकाल लिए होंगे।"
अजीब बात है।
एक पुरुष घर खरीदे,
तो सफलता कहलाती है।
एक स्त्री घर खरीदे,
तो विद्रोह।
उसे गृहिणी कहा जाता है,
पर उसके गृहस्वामिनी बनने से
लोग असहज हो जाते हैं।
जबकि उसका सपना
सिर्फ़ दीवारों का नहीं होता।
वह हँसी से भरी एक मेज़ चाहती है।
बच्चों की सुरक्षित दौड़ती आवाज़ें।
ऐसा प्रेम
जो जाने की धमकी न दे।
ऐसा साथ
जो ठहरे।
वह भी घर बना सकती है।
उतनी ही क्षमता से,
उतनी ही मेहनत से,
उतने ही अधिकार से
जितना कोई पुरुष।

उसके हाथ कमाते हैं।
उसका मन निर्णय लेता है।
उसका साहस
घर खड़ा करता है।
और जब हर दरवाज़ा
उसे बार-बार कहता है–
"अपने घर जाओ।"
तब वह समझती है,
लौटने के लिए
अब कोई घर बचा ही नहीं।
इसलिए परिवारों से,
समाज से,
एक छोटी-सी विनती है–
शादी की उन रोशनियों पर
थोड़ा कम खर्च कीजिए
जो एक रात में बुझ जाती हैं।
दहेज पर थोड़ा कम।
स्वीकृति के लिए तौले जाने वाले
सोने पर थोड़ा कम।
और यदि संभव हो,
अपनी बेटी को
थोड़ी-सी निश्चितता दीजिए।
एक छोटा-सा कमरा।
एक छत।
एक ऐसा दरवाज़ा
जिसकी चाबी उसके पास हो।
एक ऐसा स्थान
जहाँ उसका सम्मान सुरक्षित रहे।
ताकि किसी रात

वह अपने बच्चे को बाँहों में लिए
दरवाज़ों के बीच खड़ी न रह जाए–
न सर्दी उसे स्वीकार करे,
न गर्मी,
न कोई घर।
ताकि उसे
इस दुनिया से
रुकने की अनुमति न माँगनी पड़े।
और यदि कोई जगह
उसे सहजता से नहीं दी जाती,
तो वह स्वयं बना लेगी।
एक ऐसी छत
जिसे कोई क्रोध में छीन न सके।
एक ऐसा दरवाज़ा
जिससे उसके बच्चे कभी न डरें।
एक ऐसी जगह
जहाँ वह अस्थायी न हो,
जहाँ उसे सिर्फ़ बर्दाश्त नहीं किया जा रहा हो,
और फिर,
अपने जीवन में पहली बार,
उसके नाम के नीचे लिखा पता
स्थायी होगा।

34. ऊँची साड़ी

"जो स्त्री अपने बाल कटवाती है, वह अपने जीवन में परिवर्तन की तैयारी कर रही होती है।"

– कोको शनेल

एक दिन, बिना किसी शोर के,
साड़ी कुछ छोटी हो गई।
कुछ ऊँची भी हो गई।
कोई हंगामा नहीं,
बस एक छोटा-सा पुनर्विचार।

छह गज़ से सिमटकर
साढ़े पाँच गज़ रह गई वह,
कहानी कुछ हल्की हुई,
रास्ता कुछ आसान।
लोग मुस्कुराए,
थोड़े मनोरंजन से, थोड़ी हैरानी से–
"अरे, देखो तो!
कितनी ऊँची साड़ी!"
मानो कुछ इंच कम कपड़ा
यह बता देता हो
कि उसने अपनी राह
खुद चुननी शुरू कर दी है।
पल्लू ने भी शायद
अपनी रोज़ की नाटकीयता छोड़ दी।
अब वह हर कदम पर
उसके हाथों को बाँधे रखने की
ज़िद नहीं करता था।
एक पल्लू की तह ने तो जैसे
धीरे से फुसफुसाकर कहा–
"आज उसे
थोड़ा आसानी से चलने दो।"
फिर आया वह दिन
जिसने घर भर को सचमुच चौंका दिया।
उसने अपने बाल कटवा लिए।
वही लंबे, घने बाल,
जिनकी बरसों प्रशंसा हुई थी,
जो चोटी बनकर
पीठ पर उतरते थे,
कंधों तक आ गए।

सलीके से कटे,
आत्मविश्वास से सजे।
"अरे!" सबने कहा,
"यह तो बड़ा साहसिक काम कर दिया।"
मानो ज़मीन पर गिरे
हर बाल के साथ
कोई अनदेखा दरवाज़ा
खुलता चला गया हो।
थोड़ी-सी इंदिरा गांधी की दृढ़ता,
थोड़ी-सी गायत्री देवी की गरिमा।
यह विद्रोह था?
या बस परिवर्तन?
एक शांत बदलाव,
सादा-सा, फिर भी असामान्य।
शायद वह केवल
थोड़ा तेज़ चलना चाहती थी,
बिना इतने कपड़े का बोझ सँभाले,
बाल बाँधने और सँभालने के झंझट से मुक्त।
शायद उसने मन ही मन सोचा–
"सुविधा को
स्त्री से ही दूर क्यों रखा जाए?"
यदि पुरुष
हल्के क़दमों से, बेफ़िक्री से चल सकते हैं,
तो वह क्यों नहीं?
और इस तरह
ऊँची साड़ी ने भी अपना स्थान पा लिया।
परंपरा से कम नहीं,
बस साँस लेने की थोड़ी ज़्यादा जगह के साथ।

न कोई घोषणा,
न कोई शोर।
बस एक स्त्री थी,
जो पहले से थोड़ा अधिक
स्वतंत्र होकर चल रही थी।

35. बस बोल दे

"चुप्पी रिश्ते नहीं बचाती; संवाद बचाता है।"

कहना है?
तो बस बोल दे।
मन में
इतना मत घोल रे।
जो चुप रहता है,
वही सबसे ज़्यादा रोता है।
अनकहा शब्द
रिश्तों को भीतर-ही-भीतर खोता है।
इससे पहले
सब कुछ डोल दे–
बस बोल दे।
सही समय
कभी आता नहीं।
सही बात
कभी रुकती नहीं।
जो सच है,
उसे आज खोल दे–
बस बोल दे।
क्योंकि...
रिश्ते
गलतियों से कम,
चुप्पियों से ज़्यादा हारते हैं।
और जो दिल
समय पर बोल पड़ते हैं,

वे अक्सर
बिखरने से बच जाते हैं।
इसलिए...
सोच कम,
कर महसूस ज़्यादा।
और जो कहना है–
बस बोल दे।

36. गुलाब यूँ ही नहीं बरसते

"उपवन फूलों से नहीं, उन्हें सँजोने वाले धैर्य से गौरवशाली बनता है।"

एक गौरवशाली उपवन
लोगों ने कहा,
सौंदर्य तो सरल है–
उसे तोड़ लो,
गुलदास्ते में सजा लो,
अपने पास रख लो,

और अपना कह लो।
पर वह जानती थी,
फूल हथेली में आते ही
साँस लेना भूल जाते हैं।
इसलिए उसने
मिट्टी का दामन थाम लिया।
अपने घर के सामने,
जहाँ सुबहें
दबे पाँव उतरती थीं,
उसने फिर से आरम्भ किया–
बीजों से,
मौन से,
और कुछ आशाओं से।
लोग हैरान थे।
पूछते थे–
इस मिट्टी से ऐसा लगाव क्यों?
उन हाथों में
बारिश की गंध क्यों है
जो अभी बरसी भी नहीं?
वे कहते,
"गुलाब यूँ ही नहीं बरसते।"
वह भी जानती थी।
फिर भी उसने चुपचाप मिट्टी से एक संवाद आरम्भ कर दिया।
दिन धीरे-धीरे
एक-दूसरे में घुलते गए।
बगीचा अपनी भाषा में बोलता रहा–
अँधेरे में सपने देखती जड़ें,
प्रकाश की ओर बढ़ते पत्ते,
मानो किसी प्राचीन स्मृति को

फिर से पहचान रहे हों।
पहले गुलाब नहीं खिले।
पहले खिला धैर्य–
हरा,
जीवित,
श्वास लेता हुआ।
फिर एक सुबह
सूरजमुखी उग आए।
ऊँचे,
स्वर्णिम,
सहज उल्लास से भरे।
वे दिन भर
सूरज का अनुसरण करते,
मुड़ते,
फिर मुड़ते,
मानो उसे पुकार रहे हों।
पंखुड़ियों का एक शांत उत्सव।
एक अनकहा संदेश–
"हम तुम्हें देखते हैं।
जब और कोई नहीं देखता।"
उनके चारों ओर
जीवन इकट्ठा होने लगा।
गेंदा छोटे सूर्यों-सा दमकता,
जूही संध्या में
अपनी सुगंध घोल देती,
नन्हे फूल
हवा के हर कोने में
रंगों की कढ़ाई करते।
वह मिट्टी को लौटाती रही

इकट्ठा किया बचा-खुचा सामान –
छिलके,
भूसी,
रसोई के अवशेष।
उन्हें सड़ने,
गलने,
रूप बदलने देती।
अँधेरे की उस धैर्यपूर्ण प्रक्रिया में,
केंचुए
अपशिष्ट को उर्वरता में बदल देते।
वर्मी-कम्पोस्ट–
वापसी का एक शांत चमत्कार।
और वह उसे
बार-बार
धरती को लौटा देती,
जब तक कि
त्यागी हुई वस्तुएँ भी
फूल बनना न सीख लें।
उसने छोटे-छोटे पात्रों में
जल भरकर टाँग दिए,
जिनमें आकाश के टुकड़े झलकते थे।
कुछ दाने बिखेर दिए,
मानो निमंत्रण-पत्र हों।
और वे आ गए।
पहले पक्षी,
फिर तितलियाँ,
फिर गिलहरियाँ,
नेवले,
और न जाने कितने

शांत अतिथि।
मानो यह उपवन
एक ऐसा स्वप्न हो
जिस पर उन्हें भरोसा हो।
एक बार
एक नाग भी आया।
संध्या की तरह निःशब्द।
कुछ देर पौधों के बीच ठहरा,
और जाते-जाते
अपनी केंचुल छोड़ गया—
चाँदी-सी चमकती,
पत्तों पर सजी हुई।
मानो उसने
उसकी देखभाल को देखा हो,
और उसे अपना आशीष दिया हो।
उसने यह बात
किसी से नहीं कही।
वहाँ कुछ कुर्सियाँ भी थीं—
सदैव प्रतीक्षारत।
कोई भी आ सकता था,
कुछ देर बैठ सकता था,
गर्म कॉफी का प्याला थाम सकता था,
और पत्तों के बीच
चलती रोशनी को देख सकता था।
न कोई मूल्य,
न कोई प्रश्न।
केवल विश्राम का एक कोना।
और जब बेलें फल से झुकने लगीं,
जब फलों ने

सूरज की मिठास समेट ली,
तब लोग हाथ बढ़ाकर कहते–
देखो,
"हमने इतना सुंदर बगीचा उगाया है।"
वह बस मुस्कुरा देती,
और अपने मौन ज्ञान को
सींचती रहती।
क्योंकि
गुलाबों की वर्षा कभी नहीं होती।
यदि तुम्हें गुलाब चाहिए,
तो उन्हें रोपना होगा,
उनकी देखभाल करनी होगी,
उन्हें सपनों में खिलाना होगा।
और जब वर्ष ढलने लगा,
जब शीत ऋतु
धीरे से निकट आई,
उसने पूरे उपवन को
रोशनियों से भर दिया।
स्वर्णिम तारों-सी झिलमिलाती रोशनी
शाखाओं और पत्तों में बहने लगी।
उनके बीच
उसके बुने हुए सपने झूलते थे–
नन्हे खिलौने,
स्मृतियों की ऊष्मा से भरे,
धैर्य से बुने हुए टाँके।
मानो हर बुनावट
रिश्तों और प्यार को
एक साथ पिरो रही हो।
तब वह उपवन

दमक उठता था–
जीवंत,
उदार,
अविराम।
और वह
सूरजमुखियों
और उन शांत चमत्कारों के बीच खड़ी,
अपने ही सृजन से
सहलायी हुई,
अखंड,
अस्वामित्वपूर्ण,
और चिरकाल तक
खिलती हुई।
वह अब किसी के
गुलाब लाने का इंतजार नहीं करती
अपने गुलाब खुद खिलाती है।

37. वह रचती, वह जलाता

युद्ध शहरों को जीत सकता है, जीवन को नहीं। क्योंकि हर राख के बाद , एक स्त्री फिर बीज बो देती है।

युद्ध शुरू होने से पहले भी
एक दुनिया होती है।
एक स्त्री
धीरे-धीरे उसे बनाती है।
ईंटों से नहीं,

प्रेम से।
घर सजाती है।
बच्चों को जन्म देती है।
रिश्तों में अपनापन बोती है।
सूने आँगन में
हँसी उगाती है।
उसे जीत नहीं चाहिए।
उसे बस
घर चाहिए।
फिर कहीं
कुछ लोग बैठकर
एक फ़ैसला करते हैं।
न वे उस घर को जानते हैं,
न वहाँ रहने वालों को।
फिर भी
नक्शे पर
एक लकीर खींच देते हैं।
और
घर राख हो जाते हैं।
जो उसने
बरसों में बनाया,
वह
कुछ ही पलों में
मिट जाता है।
वे उसे
युद्ध कहते हैं।
वह उसे
उजड़ा हुआ घर कहती है।
वे कहते हैं– विजय।

वह देखती है–
एक माँ की सूनी गोद।
एक बच्चे का टूटा बचपन।
एक रसोई,
जहाँ चूल्हा फिर कभी नहीं जलेगा।
उसे पता है
बनाने में
समय लगता है।
तोड़ने में
बस एक आदेश।
फिर भी
जब धुआँ छँट जाता है,
वही स्त्री
ईंटें उठाती है।
बच्चों को संभालती है।
बीज फिर बोती है।
घर फिर बसाती है।
क्योंकि दुनिया
युद्धों से नहीं,
उन्हीं हाथों से बची है
जो हर बार
राख से
जीवन उगा देते हैं।

38. विरासत

"जिस घर में बेटी का अधिकार सुरक्षित होता है, वहाँ रिश्ते कमज़ोर नहीं, और अधिक सशक्त होते हैं।"

से बचपन से कहा गया–
"यह घर तुम्हारा नहीं है।"
एक दिन
तुम्हें विदा हो जाना है।
इन आँगनों पर
तुम्हारे कदमों के निशान नहीं रहेंगे।
इन दीवारों पर
तुम्हारी हँसी नहीं ठहरेगी।
इस ज़मीन पर
तुम्हारा नाम नहीं लिखा जाएगा।
मानो बेटी
कोई वस्तु हो,
जिसे
एक दिन
किसी और के घर भेज दिया जाए।
मानो
पेड़ों की जड़ें
मिट्टी से बिछड़कर भी
जड़ें ही रहती हों।
आज...
वह ठहरकर पूछती है–
आख़िर विरासत होती क्या है?

क्या सिर्फ़
ज़मीन,
मकान,
सोना और धन?
या फिर...
पीढ़ियों से चली आती
वह सीख भी,
जो बेटियों से कहती रही–
कम माँगो।
कम चाहो।
और चुपचाप
एक दिन
चली जाओ।
उसे विरासत में मिला–
मौन।
लोरियों में पिरोया हुआ।
संस्कार कहकर
सौंप दिया गया।
और गुण कहकर
ओढ़ा दिया गया।
उसे विरासत में मिली–
अनदेखी।
वे कमरे,
जिन्हें अपना नहीं कहना था।
वे दरवाज़े,
जिन पर उसका अधिकार नहीं था।
वे हक़,
जिनका नाम भी
धीरे से लेना सिखाया गया।

लेकिन...
उसके भीतर
कुछ है
जो मानने को तैयार नहीं।
क्योंकि...
वह अपने ही जन्म-घर में
मेहमान नहीं है।
वह
कुछ दिनों की कहानी नहीं।
वह भी
उसी मिट्टी की संतान है।
उसी रक्त की धारा है।
उसी परिवार की
जड़ भी है,
और शाख भी।
अपनी बेटियों को
सिर्फ़ विदा मत कीजिए।
उन्हें
उनका अधिकार भी दीजिए।
सिर्फ़ आशीर्वाद नहीं,
अपना विश्वास दीजिए।
सिर्फ़ रस्में नहीं,
अपना साथ दीजिए।
सिर्फ़ दहेज नहीं,
अपनी विरासत में
उनकी बराबर की जगह दीजिए।
उन्हें
वहीं खड़े रहने दीजिए,
जहाँ उनका जन्म हुआ था।

बिना अपराधबोध के।
बिना किसी सौदे के।
बिना यह महसूस कराए
कि उन्हें
अपने ही घर में
जगह कम घेरनी चाहिए।
क्योंकि...
जब एक स्त्री
अपना अधिकार माँगती है,
तो वह परिवार नहीं तोड़ती।
वह
परिवार को
और न्यायपूर्ण बनाती है।
और जब वह
अपना हिस्सा स्वीकार करती है,
तो किसी से कुछ छीनती नहीं।
वह तो बस
वह पा लेती है,
जो हमेशा से
उसका था।
जिस दिन
बेटियाँ
विरासत का अर्थ
फिर से लिखेंगी,
उस दिन
ज़मीन
उनका नाम पहचानेगी।
दीवारें
उन्हें अपना कहेंगी।

और आने वाली पीढ़ियाँ
यह प्रश्न
कभी नहीं पूछेंगी–
"क्या इस घर पर
बेटी का भी उतना ही अधिकार है?"

39. बराबरी का अधूरा सफ़र

"समानता की शुरुआत अवसर से होती है, पर उसकी सच्ची पहचान समान सम्मान और समान वेतन से होती है।"

उन्होंने कहा–
समय बदल गया है।
स्त्रियाँ आगे बढ़ रही हैं।
दुनिया अब समान हो गई है।
और यह बात
सुनने में बहुत सुंदर लगती थी।
उसने पढ़ाई की।
मेहनत की।
रातें जागकर काम किया।
निर्णय लिए।
टीम संभाली।
लक्ष्य पूरे किए।
पर जब वेतन की बारी आई,
उसकी मेहनत
किसी और तराज़ू में तौली गई।
काम बराबर था,
पर मेहनताना बराबर नहीं।
क्योंकि कहीं अनकहे शब्दों में
यह सोच छिपी थी–
"वह तो घर चलाता है।"
"उस पर परिवार की ज़िम्मेदारी है।"
"उसे अधिक ज़रूरत है।"

जैसे उसके अपने खर्च नहीं थे।
जैसे उसके अपने सपने नहीं थे।
जैसे अकेली स्त्री का घर,
घर नहीं होता।
जैसे तलाक़शुदा माँ की ज़िम्मेदारियाँ,
ज़िम्मेदारियाँ नहीं होतीं।
जैसे अविवाहित बेटी
माता-पिता का सहारा नहीं होती
और इन जिम्मेदारियों के खर्चे नहीं होते ।
उससे कभी किसी ने नहीं पूछा–
कितने लोगों का सहारा हो तुम?
कितने रिश्तों की छाँव हो तुम?
बस मान लिया गया–
"जितना मिलेगा, संभाल लेगी।"
कभी कहा गया–
"तुम्हें अनुभव कम है।"
कभी–
"अगले वर्ष देखेंगे।"
और कभी
कुछ कहा ही नहीं गया।
बस उसके हिस्से
कम वेतन लिख दिया गया।
घर लौटकर भी
उसकी नौकरी समाप्त नहीं होती ।
दरवाज़े के उस पार
एक और संसार उसका इंतज़ार करता।
रसोई की पुकार,
बच्चों की ज़रूरतें,
बुज़ुर्गों की दवाइयाँ,

रिश्तों की देखभाल।
माता-पिता, सास-ससुर,
पति, बच्चे, घर, पालतू साथी–
सबके लिए समय था उसके पास।
बस अपने लिए
अक्सर नहीं।
वह थकती थी,
पर रुकती नहीं थी।
जब उसने अपना घर बनाया,
तो तालियाँ कम,
सवाल ज़्यादा मिले।
"इसे अलग घर क्यों चाहिए?"
"किसने मदद की होगी?"
"इतना पैसा आया कहाँ से?"
“उसने चोरी की होगी ?”
वही उपलब्धि
जो किसी पुरुष के लिए गर्व थी,
उसके लिए
संदेह बन गई।
उसकी सफलता को भी
किसी और की छाया खोजनी पड़ी।
दुनिया कहती रही–
"देखो, अब स्त्रियाँ हर क्षेत्र में आगे हैं।"
वह मुस्कुराई।
क्योंकि उसे मालूम था–
दरवाज़ा खुल जाना
और बराबरी मिल जाना,
दो अलग बातें हैं।
बराबरी सिर्फ़ कुर्सी पाने में नहीं,

उस कुर्सी पर बैठे व्यक्ति के
सम्मान में है।
सिर्फ़ अवसर में नहीं,
उस अवसर के उचित मूल्य में है।
और जब तक–
समान काम का
समान सम्मान,
समान परिश्रम का
समान वेतन,
और समान सफलता का
समान उत्सव नहीं होगा–
तब तक बराबरी का सफ़र
अधूरा ही रहेगा।

40. घर

"घर वहीं होता है जहाँ हृदय बसता है।"

कई दिनों तक
उस पिंजरे में
युद्‌ध चलता रहा।
चोंचों की टकराहट,
पंखों की बेचैनी,
और जीने की एक अदृश्य लड़ाई।

एक चिड़िया थी–
युवा,
रंगों से भरी,
भूख से भरी।
दूसरी...
उम्र की ढलती दोपहर में खड़ी,
कमज़ोर,
धीमी पड़ती आवाज़ के साथ।
जो सबसे कमज़ोर थी,
वही सबसे ज़्यादा पुकारती थी।
ताक़त से नहीं...
जीवित रहने की चाह में।
उसका दाना छीन लिया जाता,
और उसकी आवाज़ ही
उसकी आख़िरी पहचान रह गई थी।
एक दिन
मैंने पिंजरे का दरवाज़ा खोल दिया।
फिर खिड़की भी।
मुझे लगा,
यही दया है।
युवा चिड़िया ने
एक पल भी नहीं सोचा।
पंख फैलाए,
और उड़ गई।
न पीछे देखा,
न रुकी।
आज़ादी
सिखाई नहीं जाती।

वह तो
बस पहचान ली जाती है।
दूसरी चिड़िया
वहीं रही।
वह खाती रही...
जैसे बरसों बाद
उसे भरपेट भोजन मिला हो।
कुछ देर बाद
वह फिर उसी डंडी पर जा बैठी,
मानो उसे
यह एहसास ही न हो
कि उसके सामने
पूरा आकाश खुला पड़ा है।
मैंने उसे
अपने हाथों में उठाया,
और बाहर रख दिया।
वह चहकी।
थोड़ा चली,
थोड़ा उड़ी।
बस उतना ही,
जितनी उड़ान
उसका डर अनुमति देता था।
फिर...
वह लौट आई।
दाने के पास।
पिंजरे के पास।
उस जगह,
जिसने उसे
कभी छोड़ा नहीं था।

मैंने सोचा...
शायद उसे
थोड़ा समय चाहिए।
मैंने पिंजरा बंद कर दिया।
खिड़की भी।
कुछ घंटों बाद
वह खिड़की की मुंडेर पर बैठी थी।
अंदर देख रही थी।
तब समझ आया...
घर
सिर्फ़ एक जगह नहीं होता।
कभी-कभी
वह शरीर की याद बन जाता है।
जब पंख
उड़ना भूल जाते हैं।

वह बूढ़ी थी।
उसके पंखों में
आने वाले कल से ज़्यादा
बीते हुए कल बसे थे।
बाहर की दुनिया
बहुत विशाल थी।
और विशाल दुनिया
डरे हुए जीवों के लिए
हमेशा दयालु नहीं होती।
उसे आसमान जीतना नहीं था।
उसे चाहिए था–
एक शांत कोना।

एक सुरक्षित डाली।
एक ऐसा जीवन,
जो उससे
सिर्फ़ जीते रहने की उम्मीद करे।
वह कमज़ोर थी।
धीरे-धीरे ढल रही थी।
फिर भी...
हर सुबह
उसकी साँस एक और कल चुन लेती थी।
वह खाती थी।
चहकती थी।
जीती थी।
और शायद...
यही भी एक उड़ान है।
मैं उसे वापस ले आई।
कैदी बनाकर नहीं...
अपना वादा निभाकर।
क्योंकि हर आत्मा
आसमान नहीं चाहती।
कुछ आत्माएँ
सिर्फ़ इतना चाहती हैं–
एक कोमल स्पर्श।
एक साथ निभाने वाला हाथ।
एक ऐसी जगह,
जहाँ धीरे-धीरे ही सही,
जी लेना... काफ़ी हो।

41. उन पुरुषों के नाम

"स्त्री की उड़ान किसी की हार नहीं, पूरे समाज की जीत है।"

उन पुरुषों के नाम,
जो स्त्रियों के साथ चलते हैं–
न आगे,
रास्ता दिखाने के लिए।
न पीछे,
सिर्फ़ साथ निभाने के लिए।
बल्कि कंधे से कंधा मिलाकर,
सम्मान को अपना स्वभाव बनाकर,
और समझ को
अपने हृदय में स्थान देकर।

उन पिताओं के नाम,
जो अपनी बेटियों को
सिर्फ़ चलना नहीं,
उड़ना सिखाते हैं।
उन भाइयों के नाम,
जो सुरक्षा देते हैं,
पर स्वतंत्रता नहीं छीनते।
उन बेटों के नाम,
जो बचपन से ही
संवेदनशील होना सीखते हैं।
उन मित्रों,
सहकर्मियों,
पड़ोसियों,
और उन अनजाने लोगों के नाम भी,
जो हर स्त्री के साथ
सम्मान और समानता का व्यवहार करते हैं।
उन पुरुषों के नाम,
जो सशक्त स्त्रियों से डरते नहीं,
बल्कि
उन्हें और ऊँचा उड़ते देखने की
कामना करते हैं।
जो उन्हें पिंजरे नहीं,
पंख देते हैं।
जो ऐसा संसार बनाते हैं,
जहाँ स्त्रियाँ
निडर होकर अपनी बात कह सकें,
अपने सपनों को जी सकें,
सुरक्षित महसूस कर सकें,

और वह सब बन सकें,
जिसके लिए उनका जन्म हुआ है।
आपका धन्यवाद...
हमारे साथ चलने के लिए।
अहम से अधिक
साझेदारी को चुनने के लिए।
यह समझने के लिए
कि समानता
किसी की शक्ति कम नहीं करती,
बल्कि
हम सबको
और अधिक मानवीय बना देती है।
यह संसार
आपकी वजह से
थोड़ा और सुंदर,
थोड़ा और कोमल है।
और जहाँ कहीं भी
कोई स्त्री
बिना भय के
अपने पूरे अस्तित्व के साथ
खिलती हुई दिखाई देती है,
वहाँ,
कहीं न कहीं,
कोई ऐसा पुरुष भी होता है,
जिसने
उसकी उड़ान को थामने के बजाय,
उसके पंखों पर विश्वास करना चुना।

42. आशा की सर्दियाँ

"कोई सर्दी सदा नहीं रहती; कोई वसंत अपनी बारी नहीं छोड़ता।"

सर्दियाँ
बिना अनुमति के आती हैं।

धीरे-धीरे
दिनों पर उतरती हुई।
दुनिया की गति थम जाती है,
और समय
धैर्य का पाठ पढ़ाने लगता है।
आशा भी रहती है,
पर शोर नहीं करती।
न वह चमकती है,
न स्वयं को घोषित करती है।
बस चुपचाप
ठंडी हवाओं के बीच
अपना स्थान बनाए रखती है।
बर्फ
पुराने पदचिह्न मिटा देती है,
ताकि नए रास्तों के लिए जगह बन सके।
पीड़ा भी
यहाँ कुछ दूर लगने लगती है।
भुलाई नहीं जाती,
बस समय उसे मुलायम कर देता है।
वृक्ष
नंगे खड़े रहते हैं।
टूटे हुए नहीं।
वे जानते हैं
कि कुछ ऋतुएँ सहनी पड़ती हैं।
उन्हें विश्वास है
कि मौसमों का अपना न्याय होता है।
कि प्रतीक्षा भी
उपचार का एक भाग है।
और फिर,

जैसे हर बार होता है,
सर्दी बीत जाती है।
बिना किसी नाटकीय घोषणा के।
बिना किसी प्रदर्शन के।
और आशा,
जो पूरे समय मौन खड़ी रही,
उष्मा के लौटने तक
अडिग बनी रहती है।

43. मैं पर्याप्त हूँ

"स्वयं को स्वीकार कर लेना, जीवन की सबसे कठिन और सबसे सुंदर उपलब्धि है।"

बहुत समय तक
वह स्वयं को मापती रही।
दूसरों की सफलता से।
दूसरों की सुंदरता से।

दूसरों की उपलब्धियों से।
हमेशा कोई न कोई
उससे आगे था।
अधिक बुद्धिमान।
अधिक सफल।
अधिक प्रशंसित।
और वह सोचती–
शायद अभी नहीं।
शायद थोड़ा और।
शायद तब
मैं पर्याप्त हो जाऊँगी।
पर वह दिन कभी नहीं आया।
क्योंकि लक्ष्य बदलते रहे।
और तुलना की दौड़
कभी समाप्त नहीं होती।
एक दिन
वह थक गई।
दौड़ से नहीं–
खुद को साबित करते-करते।
तब उसने पहली बार
अपने आप से वह कहा
जो वर्षों से दूसरों से सुनना चाहती थी–
मैं पर्याप्त हूँ।
अपनी सफलताओं सहित।
अपनी असफलताओं सहित।
अपनी शक्ति सहित।
अपनी कमज़ोरियों सहित।
मैं पर्याप्त हूँ।
उस दिन

कुछ जादुई नहीं हुआ।
दुनिया नहीं बदली।
लोग नहीं बदले।
पर उसका संबंध
स्वयं से बदल गया।
और वही पर्याप्त था।
क्योंकि सबसे कठिन प्रेम
स्वयं को दिया गया प्रेम होता है।
और एक बार
जब वह सीख लिया जाए,
तो जीवन
थोड़ा हल्का,
थोड़ा उजला,
और बहुत अधिक अपना लगने लगता है।

44. वह संपूर्ण हो गई

"जिसे तुम खोज रही हो, वह तुम्हारे भीतर ही है।" – रूमी

वर्षों तक
उसे लगा
उसके भीतर कुछ कमी है।
कुछ ऐसा
जो किसी और के आने से पूरा होगा।
किसी प्रेम से।
किसी स्वीकृति से।
किसी रिश्ते से।
इसलिए उसने खोजा।
लोगों में।
उपलब्धियों में।
प्रशंसाओं में।
त्याग में।
और हर बार
कुछ समय के लिए लगा
कि अब वह पूर्ण है।
फिर खालीपन लौट आता।
धीरे-धीरे
उसने रुकना सीखा।
बाहर देखना कम किया।
भीतर देखना अधिक।
वहाँ उसे
अपने ही कई रूप मिले।
डरी हुई लड़की।

थकी हुई स्त्री।
सपने देखने वाली आत्मा।
और वह शक्ति
जिसे वह हमेशा किसी और में खोजती रही थी।
उसने उन्हें अपनाया।
एक-एक कर।
अपने घावों को भी।
अपनी भूलों को भी।
अपने इतिहास को भी।
और तब
कुछ बदल गया।
कोई नया व्यक्ति नहीं आया।
कोई चमत्कार नहीं हुआ।
फिर भी
वह संपूर्ण हो गई।
क्योंकि उसने जाना–
पूर्णता मिलती नहीं।
स्वीकार की जाती है।
सिर्फ़ मैं ही खुद को पूरा कर सकती हूँ।

45. अंततः तृप्त

"जब उसे याद आया कि वह कौन है, तब खेल बदल गया।" – लाला डेलिया

उसने इच्छाएँ जानने से पहले
पकवान बनाना सीख लिया था।

ज़रा-सा यह,
थोड़ा-सा वह,
हर स्वाद
किसी और की पसंद के अनुसार।
रसोई ही उसकी लय बन गई थी।
सुबह से रात तक
वह भोजन के इर्द-गिर्द घूमती रहती–
सुनहरी रोटियाँ,
धीमी आँच पर पकती सब्जियाँ,
मिठास भी
दूसरों के लिए सँभालकर रखी जाती,
और उसकी अपनी भूख
अनकही रह जाती।
"आज सबके लिए क्या बनाऊँ?"
यही प्रश्न
हर भोर उसके साथ जागता।
उनके लिए मसाले,
बच्चों के लिए कम तेल,
स्नेह, संतोष और अपनापन
हर थाली में सज जाता।
फिर वह देखती–
खाली होती प्लेटें,
तृप्त चेहरों की मुस्कान।
उनकी तृप्ति ही
उसे अपनी तृप्ति लगती थी।
एक दिन किसी ने कहा–
"आज माँ पैनकेक खाएँगी।"
मुलायम, सुनहरे,
उनके लिए चुना गया एक छोटा-सा सुख।

पर उत्तर आया–
"वह स्वयं बताएँगी कि उन्हें क्या चाहिए।"
और उसने कुछ नहीं कहा।
क्योंकि चाहना
बहुत पहले ही
उसके भीतर चुप करा दिया गया था।
फिर एक दिन,
फ्रिज में रखा था
एक अकेला चॉकलेट-चिप कपकेक।
उसकी बेटी का प्रिय।
उसने सोचा,
उसे दूध के साथ परोस देगी,
प्रेम का एक छोटा-सा उपहार।
लेकिन उसी क्षण,
उसके भीतर
एक धीमी-सी इच्छा जागी।
उसकी अपनी।
वह खड़ी रही–
आदत और आकांक्षा के बीच,
त्याग और चयन के बीच।
एक परिचित स्वर फुसफुसाया–
"रहने दो,
बाद में खाना,
सबसे अंत में।"
पर इस बार
उसने वह आवाज़ नहीं सुनी।
उसने कपकेक उठाया।
धीरे से।
मानो कोई अदृश्य सीमा लाँघ रही हो।

एक कौर।
फिर दूसरा।
मिठास।
संतोष।
सचमुच का स्वाद।
और वह मुस्कुरा दी।
न कोई अपराधबोध।
न कोई क्षमा-याचना।
केवल एक शांत तृप्ति,
जो भीतर उतरती चली गई।
और तभी
एक प्रश्न जन्मा–
मुझे क्या चाहिए?
वह नहीं जो बच जाए।
वह नहीं जो किसी और की थाली पूरी करे।
वह नहीं जो सबको प्रसन्न रखे।
जो मेरा है–वह क्या है?
धीरे-धीरे
उसने उत्तर ढूँढ़ना शुरू किया।
मिठास का एक अतिरिक्त चम्मच।
अपने लिए सजाई गई एक थाली।
कुछ क्षण बैठकर,
बिना जल्दबाज़ी के खाना।
हर सच्चे चुनाव के साथ
अपराधबोध का धुँधलका छँटता गया।
तब उसने जाना–
स्वयं का पोषण करना
स्वार्थ नहीं होता।

प्रेम का अर्थ
अपने अस्तित्व को मिटा देना नहीं होता।
और एक दिन,
उसने अपनी पसंद का भोजन मँगाया,
शांति से बैठकर
उसका स्वाद लिया।
पहली बार,
वह अपनी ही ज़िंदगी से
जल्दी-जल्दी नहीं गुज़री।
वह मुस्कुराई।
इसलिए नहीं कि कोई और तृप्त था,
बल्कि इसलिए कि
अब वह स्वयं तृप्त थी।

46. एक सुंदर सांझ

"जो प्रकाश देना जानता है, वह ढलते समय भी सुंदर रहता है।" – विनोबा भावे

लोग कहते हैं
सूर्यास्त अंत का प्रतीक है।
पर उसने हमेशा
उसमें आरम्भ देखा।
दिन जब थक जाता,
तब आकाश
अपने सबसे सुंदर रंग पहनता।
जैसे जीवन भी
अपने सबसे गहरे रंग
अनुभवों के बाद ही पाता है।

वह बरामदे में बैठती,
और सूर्य को धीरे-धीरे
क्षितिज में उतरते देखती।
कोई जल्दी नहीं।
कोई भय नहीं।
केवल स्वीकार।
उसे लगता,
काश मनुष्य भी
इसी गरिमा से विदा लेना सीख पाता।
बिना शिकायत।
बिना शोर।
केवल प्रकाश छोड़कर।
उस शाम
उसने पहली बार समझा–
सुंदरता केवल जन्म में नहीं,
पूर्णता में भी होती है।
और कभी-कभी
अस्त होता हुआ सूर्य
उगते हुए सूर्य से अधिक ज्ञानवान लगता है।

47. पुनर्जन्म की शुरुआत

"स्त्री की असली पहचान उसके रिश्तों से नहीं, उसके अपने अस्तित्व से बनती है।"

किसी ने नहीं देखा
वह कब बदलने लगी।
परिवर्तन प्रायः
घोषणा करके नहीं आते।

वे भीतर घटित होते हैं।
चुपचाप।
जैसे कली के भीतर
फूल बनता है।
वर्षों तक
वह दूसरों की अपेक्षाओं में रही।
किसी की बेटी।
किसी की पत्नी।
किसी की माँ।
किसी की जिम्मेदारी।
पर एक दिन
उसने स्वयं से पूछा–
"और मैं?"
वही प्रश्न
उसके पुनर्जन्म की शुरुआत था।
उसने धीरे-धीरे
अपने भीतर लौटना सीखा।
पुराने सपनों की धूल झाड़ी।
भूले हुए रंग उठाए।
अपनी आवाज़ पहचानी।
और तब
वह पहली बार खिली।
किसी और की परिभाषा में नहीं।
स्वयं की उपस्थिति में।
जैसे वर्षों से प्रतीक्षारत वृक्ष
अंततः वसंत पा ले।

48. प्यारी का प्यार

"प्रेम कोई असाधारण घटना नहीं, दो साधारण लोगों का हर दिन एक-दूसरे को चुनना है।"

मैं एक 40 साला स्त्री
आज फिर ये सोच रही हूँ ...
आख़िर जिस शब्द के पीछे दुनिया पागल है
और नाना प्रकार के करतब करती है ,
वह जज़्बात - "प्यार"
आख़िर है क्या???
जिसे हर कोई ढूँढ रहा है और ताउम्र ढूंढता ही रहता है
वह प्यार आख़िर है क्या और कहाँ मिलता है ???
जिसके मिलने पर ज़िंदगी गुलज़ार है,
और न मिलने पर पंखे पर झूल भी जाते हैं
आख़िर वो प्यार है क्या??
जवाब खोजते खोजते लगभग आधी उम्र निकल गयी
और यह समझ आया की ...
क्लेश का न होना प्यार है |
विचारों का अत्यधिक मतभेद न होना ,
भी प्यार है |
एक दूसरे का सम्मान करना प्यार है
विनम्रता से बात करना
प्यार है |
समाज में प्रियजनों या अपरिचित के सम्मुख
निरादर न करना ,
तो बिलकुल प्यार है |

एक दूसरे का दुख सुख में साथ देना
और हर बार परस्पर साथ देना
प्यार है |
ज़िम्मेदारियों को मिल कर उठाना
भी प्यार है |
बढ़ती उम्र में रूप रंग का ढल जाना
बीमारियों का लग जाना और
इस सब को सप्रेम अपनाना
बिलकुल प्यार है |
फ़िक्र , परेशानी , अनिश्चितता , दुविधा में ,
एक दूसरे को कदापि न छोड़ना ...
प्यार है |
एक दूसरे के सपनों को साकार करने में
प्रोत्साहित करना और साथ देना
प्यार है |
कभी-कभी जब दिन ढल जाए
और जी कुछ अच्छा सा न हो
तब कुछ भी ना बोलना ...
बस प्यार से हाथ पकड़ लेना और
चाय की प्याली साथ में ख़त्म करना
प्यार है |
अगर मन मुटाव भी चल रहा हो तो भी
अलग कमरों में ना सोने का प्रण
प्यार है |
एक दूसरे से बातें कर पाना
भले ही बेसिरपैर की हों
प्यार है |
जंगल , पहाड़ी, नदियां , समुद्र, रेत, भव्य भवन ....
दुनिया की ख़ूबसूरती को साथ में देखना

और ख़ुशी के पल साथ गुज़ार पाना
प्यार है |
साथ रहते हुए भी अपने-अलग अस्तित्व रख पाना
अपने दोस्त , परिवार जनों के साथ कुछ वक़्त
अकेले भी बिताने देना
प्यार है |
जो असमानताएँ या वैचारिक मतभेद हो भी तो
उनको बस यूँ ही छोड़ देना,
ताना न मारना , मुँहखोल न उड़ाना
सचमुच प्यार है |
बहुत आदर ना भी हो तो , तो भी
निरादर न करें न किसी को करने दें
इस बात को समझना ,
प्यार है |
एक दूसरे के उलटे सीधे रिश्तेदारों को
भले ही सर पे ना चढ़ाएं
उनके साथ ना रहे
लेकिन उनका अपमान न करें,
ये भी प्यार है |
किसी के आगे नहीं चलना
और न पीछे चलना है
हमें तो संग चलना है
ये बात बहुत छोटी है
लेकिन इस बात को समझ पाना
मेरी नज़रों में प्यार है |
माइक्रा यह ससुराल अमीर है
या ग़रीब है यह जैसा भी है
जो हम साथ हैं वहीं सच है
इस बात को समझना और

अपनाना प्यार है ।
शायद यह सब अव्वल दर्जे के
'बोरिंग प्यार' की निशानियाँ है लेकिन
सच मानिए ये ही प्यार है ।
लेकिन अगर इन सब में से
हमारे पास क़रीब क़रीब बहुत कुछ है ,
तो यक़ीन मानिए आप प्यार में हैं
शायद ईलूँ ईलू वाला नहीं
लेकिन आपके पास प्यार है ।
सुना था मैंने
'प्यार किया नहीं जाता , हो जाता है '
लेकिन अब सोचती हूँ कि
जो प्यार जीवन की आख़िरी साँस तक चले
वो प्यार हो नहीं जाता किया ही जाता है ।

49. ज़िंदगी गुलज़ार है

"ज़िंदगी बदलने का इंतज़ार मत कीजिए,
उसे देखने का नज़रिया बदल लीजिए।"

कभी धूप है, कभी छाँव है,
कभी मुश्किलों की भरमार है।
फिर भी दिल यही कहता है–
ज़िंदगी गुलज़ार है।
कभी ग़म ने घर कर लिया,
कभी ख़ुशियों ने दस्तक दी।
दोनों ही हमसफ़र निकले,
ज़िंदगी गुलज़ार है।
हर ख़्वाब मुकम्मल हो जाए,
ऐसा कहाँ ज़रूरी है।
दो पल हँसकर जी लें अगर,
ज़िंदगी गुलज़ार है।
कुछ शिकवे हैं, कुछ शिकस्तें,
कुछ उम्मीदें शर्मसार हैं।
फिर भी होंठों पर मुस्कान रहे,
ज़िंदगी गुलज़ार है।
मसले तो कल भी होंगे,
फ़िक्रें भी हज़ार हैं।
मुस्कुराने का हुनर आ जाए,
बस... ज़िंदगी गुलज़ार है।

50. आख़िरी धागा

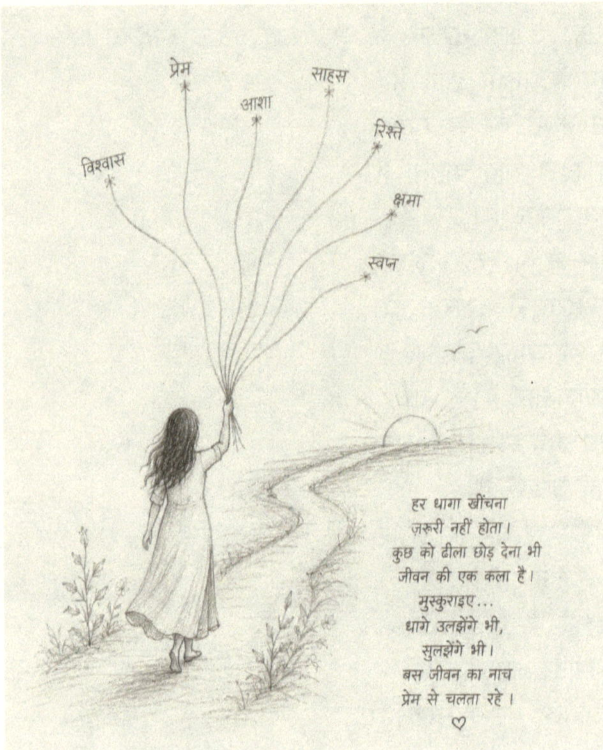

"जीवन की सुंदरता हर धागे को थाम लेने में नहीं, सही समय पर कुछ धागों को प्रेम से मुक्त कर देने में है।"

तो चलिए...
कुछ धागे सुलझ गए,
कुछ उलझे ही अच्छे लगे।

कुछ लोग
कहानी बन गए,
कुछ अब भी
अधूरे वाक्य हैं।
कुछ आँसू
स्याही बन गए,
कुछ मुस्कानें
पन्नों में दबे फूल।
जो खो गया,
उसने जगह बनाई।
जो मिल गया,
उसने अर्थ।
और जो समझ नहीं आया...
उसे ज़िंदगी पर छोड़ दिया।
कहते हैं,
ज़िंदगी एक कठपुतली का खेल है।
शायद...
पर कठपुतली का हर धागा
किसी और के हाथ में नहीं होता।
कुछ धागे
स्वर्ण के हैं–
विश्वास, साहस, आशा और कृतज्ञता के।
कुछ धागे
रेशम के हैं–
प्रेम, रिश्तों, क्षमा और अपनत्व के।
कुछ धागे
अहंकार के भी हैं,
कुछ भय के,
कुछ अपेक्षाओं के,

और कुछ उन कल्पनाओं के...
जो कभी सच थीं ही नहीं।
अब चुनाव हमारा है–
किन धागों को
धीरे से थामना है,
किन्हें थोड़ा ढीला छोड़ देना है,
और किन्हें
मुस्कुराकर हमेशा के लिए
मुक्त कर देना है।
क्योंकि...
हर धागा खींचना
ज़रूरी नहीं होता।
कुछ रिश्ते
थोड़ी-सी ढील से ही
ज़्यादा सुंदर चलते हैं।
कुछ सपने
छोड़ देने पर ही
नई राह दिखाते हैं।
और कुछ मुस्कानें
बिना किसी वजह के भी
जीवन को सफल बना देती हैं।
तो आइए...
अपनी-अपनी ज़िंदगी की
इस छोटी-सी कठपुतली को
प्रेम से नचाएँ।
स्वर्ण के धागों से
हिम्मत बुनें,
रेशम के धागों से
रिश्ते सँवारें।

बाक़ी...
उलझनें भी रहेंगी,
गाँठें भी पड़ेंगी।
पर अगर मुस्कान
हाथ से न छूटे,
तो यक़ीन मानिए...
जीवन की सबसे सुंदर बुनाई
अभी बाकी है।
चलिए...
अब किताब बंद करते हैं।
कहानी नहीं।

लेखिका परिचय

डॉ. रंजीता बसरा एक शोधकर्ता, स्वास्थ्य-तकनीक विशेषज्ञ और लेखिका हैं। उन्होंने हॉस्पिटल एडमिनिस्ट्रेशन में बी.बी.ए. और एम.बी.ए. की शिक्षा प्राप्त की है और सूचना प्रौद्योगिकी (Information Technology) में विशेषज्ञता हासिल की है। इसके बाद उन्होंने स्वास्थ्य क्षेत्र में अपना शोधकार्य पूरा करते हुए पीएच.डी. की उपाधि प्राप्त की। उनके पास प्रोजेक्ट मैनेजमेंट, एजाइल कोचिंग और सॉफ्टवेयर डिलीवरी से जुड़े कई अंतरराष्ट्रीय प्रमाणपत्र भी हैं। पिछले 23 से अधिक वर्षों से वे हेल्थकेयर टेक्नोलॉजी और डिजिटल हेल्थ के क्षेत्र में कार्य कर रही हैं। अपने लंबे व्यावसायिक जीवन में उन्होंने कई महत्वपूर्ण स्वास्थ्य परियोजनाओं और टीमों का नेतृत्व किया है। विज्ञान, तकनीक और लोगों के साथ काम करने के अनुभव ने उन्हें जीवन और मानवीय भावनाओं को और गहराई से समझने का अवसर दिया।

डॉ. रंजीता बसरा एक संवेदनशील लेखिका, चित्रकार और जीवन की छोटी-छोटी बातों को महसूस करने वाली व्यक्ति हैं। उन्हें यात्रा करना बहुत पसंद है। उन्होंने भारत के लगभग हर प्रदेश के साथ-साथ जॉर्डन, संयुक्त अरब अमीरात, फ्रांस, थाईलैंड, मलेशिया, नेपाल, श्रीलंका, बाली, सिंगापुर, मालदीव, ब्रिटेन, अमेरिका और कनाडा जैसे अनेक देशों की यात्रा की है। इन यात्राओं ने उन्हें अलग-अलग संस्कृतियों, परंपराओं और लोगों के जीवन को करीब से देखने का अवसर दिया।

अपनी यात्राओं और अनुभवों के दौरान उन्होंने विशेष रूप से स्त्रियों के जीवन, उनके सपनों, संघर्षों, रिश्तों और भावनाओं को गहराई से समझा। घर-परिवार की छोटी-छोटी कहानियों से लेकर बदलते समाज और रिश्तों तक, उन्होंने उन अनकहे एहसासों को महसूस किया जिन्हें अक्सर शब्द नहीं मिल पाते।

"स्वर्ण और रेशम के धागे" उनकी अंग्रेज़ी काव्य-पुस्तक "Threads of Gold and Silk" का हिंदी रूपांतरण है, जिसमें उन्होंने कुछ नई कविताएँ

भी जोड़ी हैं। इससे पहले उन्होंने हिंदी काव्य-पुस्तक "ये अजीब औरतें" में एक चित्रकार के रूप में योगदान दिया है और कुछ कविताओं में भी उनकी सहभागिता रही है। साहित्य के अतिरिक्त, उन्होंने स्वास्थ्य, डिजिटल हेल्थ और सॉफ्टवेयर प्रोजेक्ट मैनेजमेंट से जुड़े अनेक लेख भी लिखे हैं, जो समय-समय पर ऑनलाइन प्रकाशित होते रहते हैं।

लेखन और अपने व्यावसायिक कार्यों के अलावा, डॉ. बसरा सामाजिक सेवा, वृद्धजनों की देखभाल और पशुओं के प्रति संवेदना से भी जुड़ी हुई हैं। उन्हें बागवानी, खाना बनाना, कढ़ाई करना और जीवन के साधारण पलों में खुशियाँ ढूँढना पसंद है।

उनका मानना है कि हर व्यक्ति का जीवन एक कहानी है और हर कहानी में कुछ ऐसे स्वर्ण और रेशम के धागे होते हैं, जो यादों और रिश्तों को हमेशा जोड़े रखते हैं।

समीक्षा

"अपने भीतर अनकही कहानी को ढोने से बड़ी पीड़ा कोई नहीं।" – माया एंजेलो

स्वर्ण और रेशम के धागे स्त्री-अनुभवों की उस विरासत का काव्यात्मक दस्तावेज़ है
जो पीढ़ियों से मौन में प्रवाहित होती रही है।

इन रचनाओं में डॉ. रंजीता बसरा ने यादों, अपनी पहचान, परम्पराओं
और जीवन के संघर्षों को बड़ी संवेदनशीलता से शब्द दिए हैं,
जिससे सामान्य जीवन के पल भी विशेष बन जाते हैं।
इन कविताओं में कोई शोर नहीं है।
यहाँ जीवन की धीमी आवाज़ें हैं–
माँओं की, बेटियों की, दादियों की,
और उन स्त्रियों की
जिनकी उपस्थिति अक्सर इतिहास के पन्नों पर नहीं मिलती,
पर जिनके बिना इतिहास अधूरा है।

यह पुस्तक केवल पढ़ी नहीं जाती, धीरे-धीरे आत्मसात होती है।
पाठक इसके पृष्ठों में अपनी स्मृतियों के प्रतिबिम्ब खोजने लगता है।
ये कविताएँ विपरीत परिस्थितियों में भी जीवन का उजला पक्ष देखने का प्रयास करती हैं।

मुझे प्रसन्नता है कि इस पुस्तक की प्रकाशन-यात्रा में मैंने संपादक, सहयोगी और पाठक–तीनों की भूमिका निभाई।

मुझे विश्वास है कि यह कृति अपने पाठकों के मन में लंबे समय तक बनी रहेगी।

– डॉ. रेखा द्विवेदी
लेखिका एवं कवयित्री

पाठकों की कलम से

डॉ. रंजिता बसरा जी को इतने अद्भुत कविता संग्रह को प्रकाशित करने पर हार्दिक बधाई।उन्होंने जिस तरह से अपनी कविताओं में कुत्ते,चिड़िया,पेड़ पौधों और इंसानों के प्रति अपनी संवेदना दर्शाई है उससे उनका जीवन के प्रति दृष्टिकोड़ परिलिक्षित होता है।

कुछ कविताओं में सदियों से चली आ रही नारी को ग़ुलामी की बेड़ियों से मुक्ति का रास्ता दिखलाती हुई स्वयं को भी मुक्त करती दिखलाई पड़ती हैं। उनकी नारी अधूरी स्त्री नहीं है जिसे कोई पुरुष आकर पूरा कर देगा वह अपने में सम्पूर्ण और परिपूर्ण है परंतु साथ ही पुरुष का साथ भी बराबर के स्तर पर स्वीकार करती हैं।

मेरी मनोकामना है कि डॉ रंजीता बसरा इसी प्रकार लिखती रहें और इस विश्व को थोड़ा सा और बेहतर बनाती रहें ।

– रेखा राजवंशी

लेखिका एवं कवयित्री

रंजीता बसरा को "स्वर्ण और रेशम के धागे " प्रकाशित करने पर बहुत -बहुत बधाई और आशिर्वाद ।

इनकी कविताओं की स्त्री मेंधरती की उर्वरता हैं जो सदैव बसी- बिखरी रहती है, अवसर आते ही खिलखिला उठती है, एक प्रतिछाया सी। सवाल ये नहीं कि उसने क्या दिया, सवाल ये भी है की हमने क्या बोया ? उसकी रसायनिकता की पोर- पोर अनुभूति सृष्टि की कलात्मकता है। इसमें पंचतत्वों का आकर्षण है स्त्री।

– शुभदा पांडे

लेखिका एवं कवयित्री

www.ingramcontent.com/pod-product-compliance
Lightning Source LLC
LaVergne TN
LVHW100314210926
848480LV00003B/1112
* 9 7 9 8 9 0 5 6 0 7 9 9 8 *